André Buchheim · Quanten-Bewusstsein

Gott zur Ehr'!

*Meinem Mann George und
meinem besten Freund Sven
in Liebe zugeeignet.*

André Buchheim

Quanten-Bewusstsein

Wie Spiritualität
Menschen und Erde heilt

—

»Die Lehren aus meiner
Gotteserfahrung«

nymphenburger

Impressum
Umschlaggestaltung von STUDIO LZ, Stuttgart unter Verwendung
eines Farbfotos von shutterstock / Denis Belitsky

Haftungsausschluss
Alle Angaben in diesem Buch erfolgen nach bestem Wissen und Gewissen.
Der Verlag und der Autor übernehmen keinerlei Haftung für Personen-,
Sach- oder Vermögensschäden, die aus der Anwendung der vorgestellten
Übungen und Meditationen entstehen können.

Unser gesamtes Programm finden Sie unter **nymphenburger-verlag.de**.

Gedruckt auf chlorfrei gebleichtem Papier

© 2019, nymphenburger in der
F. A. Herbig Verlagsbuchhandlung GmbH, Stuttgart.
Alle Rechte vorbehalten
ISBN 978-3-485-02992-6
Projektleitung: Dr. Stefan Raps, unter Mitarbeit von Monika Riedlinger
Redaktion: Magdalena Kieser
Produktion: Angela List und Wolfgang Heinzel
Satz: Satzwerk Huber, Germering
Druck und Bindung: CPI books GmbH, Leck
Printed in Germany

Die Deutsche Nationalbibliothek verzeichnet diese Publikation in der
Deutschen Nationalbibliografie; detaillierte bibliografische Daten sind im
Internet über http://dnb.d-nb.de abrufbar.

Inhalt

Der Tod, der Schmerz und der dunkle Begleiter

»Ein Heiliger wurde geboren!« ist ein Satz, den man nicht von einem Arzt im Kreißsaal eines Krankenhauses der offiziell atheistischen DDR erwarten würde, und doch soll er so laut Aussage meiner Mutter wegen meiner wie zum Gebet gefalteten Hände und der Stille, die mich umgab, gefallen sein. Mit einem wehmütigen Seufzer atmete ich ein und blieb stumm. Diesen Zustand behielt ich jahrelang bei, ich hatte der Welt noch nichts zu sagen.

Wir befinden uns im Jahre 1973 im St. Elisabeth-Krankenhaus in Leipzig, es ist der 5. Oktober. Wahrscheinlich wäre ich von Natur etwas eher auf die Welt gekommen. Die Wehen setzten gegen Mittag ein, doch meine Mutter kämpfte mit aller Gewalt gegen die Geburt an, um zu erreichen, dass wir beide am 6. Oktober Geburtstag haben. Ich hingegen wollte das wohl nicht, jedenfalls war ich eine halbe Stunde vor Mitternacht nicht mehr aufzuhalten.

Kinder sind nicht dazu da, damit Erwachsene ihre Konflikte und Launen an ihnen ausleben. Respekt vor dem Leben beginnt mit der Liebe zu den Kindern. Viele Eltern-Kind-Beziehungen sind aber nicht von Liebe geprägt, da schon die Eltern keine Liebe erlebten. Wahrlich, würden mehr Ehen aus Liebe geschlossen, wir hätten weniger Scheidungen. Doch dazu später mehr.

Meine Stille wurde jäh unterbrochen, als ich ungefähr ein halbes Jahr alt war. Unsagbarer Schmerz durchzuckte meinen Körper und entriss mein Bewusstsein seiner Traumwelt. Schmerz macht wach! Das Schicksal wollte es, dass ich einen Leistenbruch mit akuter Blinddarmentzündung an einem Samstag bekam. Dies ist deshalb besonderer Erwähnung wert, weil am Samstag in der DDR zwei Dinge absolute Mangelware waren: Handwerker und Ärzte. Die angeforderte SMH (Schnelle Medizinische Hilfe) kam zwar nach zweieinhalb Stunden, sie begutachteten mich aber nur kurz, drückten den am Unterleib durch die innere Entzündung sich deutlich abzeichnenden Knoten wieder rein, verabschiedeten sich und gingen.

Indes, das Geschrei wurde nicht weniger, wie ja auch der Schmerz minütlich wuchs und schlimmer wurde. Da unsere Hausärztin auch nicht erreichbar war, schnappten meine Eltern mich und fuhren ins nahe liegende Poliklinikum. Der dort in Bereitschaft stehende Arzt wiederholte jedoch die Prozedur der Sanitäter nur, drückte den Knubbel wieder rein und meinte, dass das so seine Richtigkeit habe. Wenn es denn bis Montag nicht besser würde, riet er, noch mal vorbei zu schauen. Auch bei einem dritten Arzt wiederholte sich diese Behandlung. Da waren wir dann schon im Krankenhaus. Ich persönlich kannte meinen Vater immer als ruhigen, ja förmlich unterkühlten Mann. Jetzt aber rastete er vollkommen aus, er schrie und brüllte das ganze Krankenhaus zusammen, und schließlich erbarmte sich ein junger Arzt, entgegen dem Rat seines Vorgesetzten, die Blinddarm-OP bei einem halbjährigen Säugling durchzuführen, und das wohl nur Sekunden oder Minuten vor dem Durchbruch mit garantierter Todesfolge.

»Fürchte dich nicht, du bist geborgen«

Doch die nächste Unbill nahte in Form einer Betäubungsmittel-Knappheit, und zu dieser Zeit war es wohl allgemein medizinische Auffassung der Wissenschaft, dass ein Baby die Schmerzen einer OP nicht merkt und verarbeiten kann, weil das entsprechende Zentrum im Gehirn hierfür noch nicht ausreichend entwickelt sei. Man glaubt gar nicht, wie schnell ein Schmerzzentrum entwickelt ist, sobald man einer solchen Erfahrung ausgesetzt wird. Half ja alles nicht, es wurde operiert, und zwar ohne Betäubung. Und ja, man spürt einen solchen Eingriff auch im Säuglingsalter, und diese Erfahrung prägt sich ein, sie prägt das Bewusstsein mit. Dennoch bin ich dem Arzt natürlich dankbar, der gegen die Autoritäten und das, was als normal erachtet wurde, entschied, auch wenn er sich damit der Gefahr eines Karriereknicks aussetzte. Vor allem, wenn bei der OP etwas schiefgegangen wäre. Aber er kämpfte um mein Überleben. Während der Operation entfloh ich dem Schmerz, dem Leben und wurde erst anschließend zurückgegeben.

Ich erinnere mich dieses Moments, dass ich wie nach hinten, unten aus dem Körper glitt. Ich hatte das Gefühl des Fallens. Je weiter ich fiel, desto weniger wurde der Schmerz. Als ich aus dem OP-Saal entwich, befand ich mich in einer goldenen, dickflüssigen Energie, die mich

11

umgab. Dann wurde ich aufgefangen. Ein dunkles Wesen stoppte meinen weiteren Ausflug in die Totenwelt. Es umklammerte mich. Es war unheimlich warmherzig und liebevoll. Eine Kommunikation kam so richtig nicht zustande, denn mir fehlten noch im wahrsten Sinne die Worte. Aber würde ich die Energie in Worte kleiden, so spräche das Wesen »Fürchte dich nicht, du bist geborgen«. Und ich habe niemals bisher solche Geborgenheit gefühlt wie in den Armen des Todes. Also kuschelte ich mich ein bei meinem neuen Freund Hein. Kein Schmerz erreichte mich hier, keine Hektik und kein Gebrüll, hier waren Stille, Frieden und Geborgenheit in einer schon klischeehaft perfekten Art und Weise. Es mag sein, dass durch dieses Ereignis die Sehnsucht in mir wach wurde, in diesem Leben nach jenem Frieden zu suchen. Wir schwebten, so hatte ich das Gefühl, eine halbe Ewigkeit an ein und derselben Stelle, als irgendwann ganz sanft eine Aufwärtsbewegung einsetzte. Und obwohl klar war, dass wir uns dem leidvollen Leben wieder annäherten, empfand ich keinen Widerstand, sondern vollstes Vertrauen. Ich schwebte von unten, praktisch durch den OP-Tisch hindurch, wieder in meinen Körper hinein. Erst spürte ich noch nichts, doch dann kam der erste Herzschlag, das Licht war wieder an. Und irgendwie griff der Todesengel in die Realität ein, jedenfalls kam ich wieder zu Bewusstsein, empfand aber keinerlei Schmerz, was sich in meiner wieder einsetzenden Stille äußerte und die Ärzteschaft in Erstaunen versetzte. Nach der OP wären die Schmerzen kaum auszuhalten, war der Doktor überzeugt, und das Baby würde schreien. Tat es aber nicht.

Auch wenn die Wunde riesig und die Narbe später noch quer über dem gesamten rechten Unterleib sichtbar war, so verlief doch die Heilung erstaunlich schnell und günstig. Und obgleich ich schwieg, nahm ich ab jetzt meine Umwelt achtsam wahr. Ich erinnere meinen Wickeltisch oder wie ich mich im Kinderwagen hochziehe, innen war er weiß und außen weinrot, wie ich hinausschaue und die Räder beim Drehen beobachte. Ich entwickelte die Tendenz, sehen zu wollen, was um mich herum vorgeht, um eventuell neuem Schmerz aus dem Weg zu gehen. Ein typisches Traumaverhalten.

Ich weiß nicht, wie es euch geht, liebe Leser, sofern ihr Eltern seid, aber ich dachte immer, man wünscht sich ruhige Kinder. Doch die Stille, die ich ausstrahlte, schien für meine Eltern unerträglicher Stress zu sein. Meine Mutter erzählte mir später, wie sie mit mir von Arzt zu Arzt gegangen war, wie sich Neurologen und Psychiater die Klinke in die Hand gaben und jeder etwas anderes diagnostizierte. Stumm konnte ich nicht sein, wir erinnern uns an das Gebrüll während der Blinddarmentzündung. Was aber mochte die Ursache für diese übertriebene Schweigsamkeit sein? Irgendeine Krankheit des Geistes, Autismus vielleicht? Niemand kam zu einer schlüssigen Diagnose, jedoch ob der Mentalitätsunterschiede zwischen meinen Eltern und geschuldet den Vorstellungen, die jeder vom anderen hatte, kam es nun öfter zum Streit. Mein Vater nahm die Situation stoisch gelassen hin, während meiner Mutter die Vorstellung zu schaffen machte, dass ihr Leben vorbei sei, wenn sie sich um ein behindertes Kind kümmern müsse. Dabei war ich doch bisher geradezu pflegeleicht, oder nicht?

Erinnern wir uns noch mal daran, was ich zu Beginn kurz über die Liebe und die Ehe sagte. Eine Ehe sollte auf Liebe basieren, nicht auf Lust und nicht auf Verliebtheit. Basiert eine Verbindung auf echter Liebe, so verleiht diese ihr Dauer, und nur eine solche Liebe darf auch als Eheschließung vor Gott gebracht werden. Alle anderen Beziehungen führt man mit sogenannten Lebensabschnittsgefährten, hier reicht eine staatlich eingetragene Lebensabschnittspartnerschaft. Das ist menschliches Recht. Echte Ehen werden vor Gott im Himmel für die Ewigkeit geschlossen. Meine Eltern trafen die Entscheidung zur Scheidung, als ich dreieinhalb Jahre alt war. Spätestens zu diesem Ereignis betrat eine Altlast aus dem Hintergrund die Bühne und begann ihrerseits, die Strippen zu ziehen. Was sich bereits von langer Hand als Rache für verschmähte Liebe angebahnt hatte, formte sich nun zu Realität.

Springen wir im Lebensfilm etwa 28 Jahre vor meine Geburt zurück. Wir schreiben das Jahr 1945. Mein Großvater kam verletzt von der Front zum Heimaturlaub nach Hause, nach Aussig an der Elbe. Er hatte eine vergnügliche Nacht mit meiner Großmutter, bei der das Wehrmachtskondom platzte, wie meine Oma stets mit einem leichten Schmunzeln auf den Lippen erzählte. So entstand meine Mutter. Da mein Großvater nicht an die Front zurück wollte, half ein tschechischer Arzt dabei, seine Wunde gezielt so zu behandeln, dass sie sich entzündete und er somit frontuntauglich hätte werden sollen. Jedoch flog der Schwindel auf, der untersuchende Wehrmachtsarzt schickte ihn trotz der entzündeten Wunde nach Rumänien in den Partisanenkampf, in dem mein Großvater fiel.

Meine schwangere Großmutter gebar ihr Kind während der Vertreibung. Auch meine Mutter hätte das erste halbe Jahr nicht überlebt, hätte nicht ein Arzt den Flüchtlingen in Dahlen, Nordsachsen, wo meine Oma schließlich strandete, selbstlos geholfen. Dort verliebte sie sich nach einer Weile in einen jungen Burschen – Kurt Sömisch. Mit ihm und der Tochter ging sie nach Leipzig. Dann begann Opa Kurt eine Ausbildung zum Schweißer im Schiffsschraubenwerk Übigau nahe Dresden. In dieser Zeit begann meine Großmutter eine Affäre mit einem jungen Kommunisten, der später Mitarbeiter der Staatssicherheit wurde. Als mein Opa davon erfuhr, floh er wütend nach Stuttgart, wo er Arbeit fand.

Der neue Mann meiner Oma schlug sie und meine Mutter, als meine Mutter zwischen zehn und zwölf Jahre alt war, kam es zu sexuellen Übergriffen. In einem Brief, der auf abenteuerliche Weise seinen Weg nach Stuttgart fand, klagte meine Oma ihr Leid, woraufhin Opa Kurt Anfang der 60er-Jahre, kurz vor dem Mauerbau, mit einem vollgepackten Opel Kapitän wieder in Leipzig ankam. Er erzählte mir später, dass er es nur aus Liebe zu Heidelinde, meiner Mutter, getan habe und um sie zu schützen. Seine eigene neue Liebe, die er mittlerweile in Stuttgart gefunden hatte, verließ er wieder in Richtung des sozialistischen Teils des Vaterlands.

Nun aber nach Jahren und wohl scheinbar aus dem Nichts, tauchte jene rote Affäre meiner Oma wieder auf und begann, als aufstrebender Stasi-Offizier, sich in den Verlauf des Gerichtsprozesses meiner Eltern um Scheidung und Sorgerecht einzumischen. Es ist anzunehmen, dass er, von persönlichen Rachegelüsten getrieben, stets auf eine solche Gelegenheit gewartet hatte. Nun war sie da. Ich kenne die Hintergründe nicht bis ins Detail. Ich weiß nur, dass die Staatssicherheit meine Mutter damit erpresste, mich ihr wegzunehmen, wenn sie nicht tat, was die Stasi von ihr verlangte. Zu Messezeiten, wenn die Stadt Leipzig von westlichen Geschäftsmännern überfüllt war, sollte meine Mutter – eine wunderschöne junge Frau – als Prostituierte diesen Männern in intimer Atmosphäre das ein oder andere Geschäftsgeheimnis entlocken. Um dieses Unterfangen durchzusetzen, wurde sogar der zuständige Richter von ganz oben entsprechend instruiert. Nun, meiner Mutter blieb keine andere Wahl, als dieses zweifelhafte Angebot anzunehmen, um mich behalten zu können. Um die Absurdität des DDR-Systems noch mal klarzustellen: Der Mann, der meine Mutter als Kind vergewaltigte, ging nicht nur straffrei aus, sondern machte im Sicherheitsapparat des Staates Karriere, um letztlich sein Vergewaltigungsopfer zu zwingen, für ihn als Hure Informationen einzuholen. Er wurde ihr Führungsoffizier, an ihn gingen die Berichte – und das alles war von höchster Stelle abgesegnet. Dieser Pakt mit dem Teufel führte einerseits dazu, dass wir sofort nach der Verhandlung eine fast 130 qm große Altbauwohnung zugesprochen bekamen, fünf Räume, hochherrschaftlich und unverbaut, trotz allgemeinen Wohnungsmangels zu einem selbst für DDR-Verhältnisse lächerlichen Mietpreis von rund 32 Mark im Monat, andererseits begann ab diesem Zeitpunkt auch ihre Alkoholabhängigkeit. Teilweise fanden die »Treffen« zwar in Hotelzimmern statt, die meisten Männer empfing meine Mutter allerdings in dieser repräsentablen Dienstwohnung. Dies führte des Öfteren zu absurden Situationen, die ich als Kind selbstverständlich kaum einordnen konnte: stets wechselnde Männerbesuche, teilweise mehrere gleichzeitig.

Noch immer zog ich das absolute Schweigen jeglicher Kommunikation vor. Da sich meine Mutter noch immer Sorgen machte, ging sie mit mir weiterhin zu Ärzten, Psychiatern und Neurologen. Schließlich, mit ca. viereinhalb Jahren, begann ich ganz plötzlich und in ganzen Sätzen zu sprechen. Und seitdem, wie es später meine Oma ausdrückte, stand die Gosch nicht mehr still.

Ein Kindergartenplatz wurde bereitgestellt. Dieser war nur wenige Meter von unserem Hauseingang entfernt auf derselben Straßenseite. Soweit ich mich erinnere, gab es zu dieser Zeit keinerlei direkten Kontakt zu meiner Oma. Da meine Mutter nicht wollte, dass ich sie bei ihren Verrichtungen immer wieder erwische, wurde ich nach den Betreuungszeiten des Kindergartens häufig in einer Eckkneipe in der Nähe zwischengeparkt. Nun, welcher fünfjährige Knabe kann sich schon rühmen, eine Bardame zur besten Freundin zu haben. Tante Emmy, wie ich sie nannte, war von kräftiger Statur, hatte eine tiefe Raucherstimme und rot gefärbte Haare, war stets in Schwarz gekleidet und tatsächlich der reine Archetyp einer Barfrau. Was ich damals noch nicht wusste: Sie war auch die geheime Verbindung zu meiner Großmutter, denn der Zufall wollte es, dass die beiden Haus an Haus wohnten. Dieses Detail entging sogar der Stasi. Aber die beiden Damen begaben sich täglich in Gefahr, in dem sie so offen gegen den erklärten Willen des Staates opponierten. Leider sollte dieser Ungehorsam mich wie ein Boomerang wieder einholen.

Lindemann – *Das Monster im Haus*

Auf diese Art verlief aus meiner Sicht das Leben einige Zeit in relativ erträglichen und geordneten Bahnen, Tante Emmy war eine echte Stütze in jener Zeit. Irgendwann bekam die Staatssicherheit dann aber doch Wind von dem Kontakt meiner Mutter zu meiner Oma. Tante Emmy selbst wurde zwar in Ruhe gelassen, umso härter traf der Hammer mich und meine Mutti. Denn nun betrat mein »Stiefvater« die Bühne und verwandelte unser Leben in eine echte Hölle. Ich weiß nicht mehr, wie er hieß, mir ist nur noch der Nachname »Lindemann« im Gedächtnis geblieben. Was jedoch auch eine Fehlleistung meines Gehirns sein könnte, denn wir lebten zu dieser Zeit in Leipzig Lindenau. Und zogen nun also in die Wohnung dieses Mannes. Für mich fühlte es sich damals wie ein richtiger Umzug an, es stellte sich jedoch später heraus, dass es das gar nicht war, da meine Mutter im Auftrag der Staatssicherheit weiterhin die alte Wohnung für ihre Westkontakte nutzte. Dies erklärt auch, warum wir nach gewissen Ereignissen sofort wieder in die alte Wohnung einzogen. Doch Schritt für Schritt.

Mein Stiefvater entpuppte sich als Gewalt liebender, sadistischer Frauenhasser und Pädophiler. Die Wohnung, in welcher wir nun bei ihm lebten, war ebenfalls recht groß, doch wesentlich kleiner als die vorherige. Man betrat den

18

Flur, linker Hand waren nacheinander Bad und Küche, rechts kam als Erstes das »Kinderzimmer«, danach ein Esszimmer, dahinter nach einer großen Flügeltür noch ein Raum, in dem einzig ein französisches Bett stand, und von diesem ging es links in das Schlafzimmer. Die Einrichtung würde ich als spartanisch beschreiben. Es gab nur die Möbel, die es unbedingt brauchte. Im Kinderzimmer standen ein viel zu kleines Gitterbettchen, dennoch war ich gezwungen, darin zu schlafen, zumal mein Stiefvater eine von außen fest verschließbare Klappe angebracht hatte, um mich in diesem Bett einzusperren (eine Konstruktion, die mir später noch in einem anderen Zusammenhang wiederbegegnen sollte), und ein Schrank. Im Wohnzimmer stand nichts weiter als ein Tisch mit ein paar Stühlen, das französische Bett im Zwischenraum habe ich schon erwähnt, das Schlafzimmer war mit einem großen Schrank und einem Doppelbett ausgestattet.

Mein »Stiefvater« nahm meiner Mutter den Personalausweis ab, die Wohnungstür war immer abgeschlossen, nur er hatte einen Schlüssel, und sämtliche Türen in der Wohnung waren ausgehängt und entfernt worden, um alles, was in der Wohnung vor sich ging, kontrollieren zu können.

Die nächsten anderthalb Jahre vegetierte ich unter diesen Bedingungen. Ich sage absichtlich vegetieren, leben kann man diesen Zustand nicht nennen. Immer wieder kam es zu massiver Gewalt gegen meine Mutter und mich. Meine Mutter kam dabei etwas »besser« weg, da Lindemann auf ihre körperliche Unversehrtheit zu achten hatte, damit sie weiterhin anschaffen gehen konnte. In den Zeiten der Herbst- und Frühjahrsmesse in Leipzig wurde sie geschont, dafür bekam ich mehr ab. Es verging kaum ein Tag, an dem ich nicht grün und blau geschlagen wurde. Dabei war er so geschickt und überlegt darin, dass die blauen Flecken immer unter der Kleidung verborgen blieben und so niemandem im Kindergarten und später in der Schule auffielen. Er drohte mir offen, mich und meine Mutter verrecken zu lassen und zu entsorgen, sollte irgendwas von den Misshandlungen bekannt werden. Ich sollte bloß die Schnauze halten.

Auch sexuelle Übergriffe gegen mich waren keine Seltenheit. Manchmal wurden hierzu auch »Gäste« geladen, also Männer der Staatssicherheit, die auf diese Weise ihre pädophilen Neigungen auslebten. Es muss eine Art geheimer Ring innerhalb dieser Organisation gewesen sein. Ähnlich wie man es vom Missbrauchsskandal in der katholischen Kirche kennt, war es wohl unter den damaligen Umständen die Staatssicherheit, die für Pädophile einen halbwegs sicheren Rahmen bot. Ein noch nicht aufgearbeitetes und kaum bekanntes Teilgebiet der DDR-Geschichte. Noch zu erwähnen wäre, dass die Volksdroge Nummer eins in der DDR – Alkohol – bei diesen Orgien immer eine große Rolle spielte. Alkohol, erst recht in großen Mengen, enthemmt und macht aggressiv. Man kann sich vorstellen, wie sich dies auf Männer mit pädophilen Neigungen wie meinen Stiefvater auswirkte. Sein stinkender Atem ist mir immer noch präsent. Doch nicht der Alkohol ist der Schuldige, ganz im Gegenteil, letzlich wurde ausgerechnet er mir zum Retter.

Es muss im Frühjahr 1981 gewesen sein. Eines Abends, nachdem sich mein »Stiefvater« wieder einmal im Alkoholrausch an mir vergangen und mich grün und blau geschlagen hatte, zwang er mich, still in dem französischen Bett zu liegen. Der fleckige, schmutzig orangefarbene Bezug aus synthetischem Stoff wird mir mit seinem ekligen Geruch wohl auf ewig ins Gedächtnis gebrannt bleiben. Irgendwann abends kam meine Mutter vom Dienst zurück. Während ich zitternd und am Ende meiner Kräfte auf dem Bett lag, beobachtete ich die sich nun entspinnende Szenerie am Tisch im Nachbarzimmer durch die nicht mehr vorhandenen Türen. Meine Mutter nahm angesichts des Elends ihres Kindes allen Mut zusammen, um in dieser scheinbar für sie vollkommen ausweglosen Situation aufzubegehren. Sie forderte ihren Ausweis zurück, woraufhin mein Stiefvater sagte, dieser befände sich in seiner Brieftasche. Dabei fasste er sich demonstrativ an die Gesäßtasche. Wenn sie ihn haben wolle, solle sie nur versuchen, ihn sich zu holen. Das tat sie auch tatsächlich. Nachdem selbst einige direkte Treffer mit der Faust ins Gesicht meiner Mutter ihren Widerstand nicht brechen konnten und sie sich sogar in seinem Oberarm verbiss, bis er blutete, schnappte er sich mit der rechten Hand die halb geleerte Doppelkorn-Flasche, die auf dem Tisch stand, und zertrümmerte sie auf dem Kopf meiner Mutti, die daraufhin blutend, mit riesiger Platzwunde, ohnmächtig zusammenbrach und neben mich aufs Bett geworfen wurde. Mein »Stiefvater« holte sich daraufhin noch eine Flasche Bier, öffnete sie, setzte sich an den Tisch und grinste mich an.

Er schaffte das Bier nicht zur Hälfte, da fiel er am Tisch sitzend, halb auf diesem liegend, in den tiefen Schlaf eines befriedigten Alkoholikers. Und ich war nicht in meinem

Gitterbett eingesperrt. Das war meine Stunde! Auf Zehenspitzen, kaum atmend vor Angst, schlich ich nun hinüber zu ihm und klaute ihm die Brieftasche (des Ausweises meiner Mutter wegen) und den Schlüssel der Wohnungstür. Ich wusste aus einem Gespräch, dass die Nachbarin zwei Stockwerke tiefer einen Telefonanschluss hatte. Für die jüngeren Leserinnen und Leser: In der DDR war es unüblich, dass jeder über ein Telefon verfügte, und Handys gab es natürlich noch nicht. Im Haus meiner Oma beispielsweise wohnten acht Parteien, lediglich zwei besaßen ein Telefon.

Ich klingelte also mitten in der Nacht bei unserer Nachbarin, die ich wegen meiner Isolation in der Wohnung kaum kannte. Verschlafen und im Nachthemd öffnete sie leicht die Tür, welche durch ein Sicherheitskettchen halb verschlossen gehalten wurde. Begeistert war sie nicht gerade, und sie fragte mich knurrend, was ich denn wolle. In diesem Moment funktionierte ich einfach nur. In kurzen, prägnanten Worten schilderte ich die Situation, in der wir uns befanden. Ohne weiter drüber nachzudenken, zog ich mein Hemd aus, wodurch die lila-blau-braunen Blessuren zum Vorschein kamen. Wie vom Blitz getroffen torkelte die Dame zurück und hielt sich an einem Schrank fest, um nicht umzufallen. Schnell öffnete sie jetzt die Tür und rief Krankenwagen und Polizei, versorgte mich derweil mit Keksen und Tee und murmelte immer wieder entsetzt und mit Tränen in den Augen »Das gibt's doch nicht, das darf doch wohl nicht wahr sein, und ich habe nie etwas davon mitbekommen...«. Sie stand sichtlich mehr unter Schock als ich selbst.

Auf welche Art dies alles staatlicherseits organisiert und gedeckt war, davon wusste ich natürlich zu diesem Zeitpunkt noch nichts. Dennoch erwies sich die Volkspolizei an dieser Stelle als hilfreich: Wir entkamen der Situation und wurden ärztlich behandelt. Wie bereits erwähnt gab es unsere alte Wohnung noch, und so zogen wir unvermittelt wieder zurück. Heute weiß ich auch, woher der Mut rührte, der meine Mutter rebellieren ließ. Sie hatte auf der Arbeit einen westlichen Geschäftsmann kennengelernt, in den sie sich verliebte. Doch sollte er erst in Kürze eine tragende Rolle spielen.

Die Geister der Natur

In der nachfolgenden relativ kurzen Zwischenperiode nach dem Umzug in die alte Wohnung hielt ich mich größtenteils in der Natur, im Rosental bei Leipzig, auf, teils bis tief in der Nacht, was meine Mutter beunruhigte und mindestens zweimal dazu führte, dass die Polizei mich suchte. Hier in der freien Natur, aufgehoben und verbunden, fühlte ich mich einzig wohl, während geschlossene Räume Panik auslösen konnten. In neuer Freiheit gab es Luft zum Atmen und so etwas wie ein neuerliches Andocken an das Leben.

Es waren die Geister der Natur, die mich retteten. Neben den Elfen der Blüten ist mir ein Paar besonders in Erinnerung geblieben, das ich in Ermangelung von Namen einfach seiner Wohnstatt wegen Baum und Stein nannte. Beide parlierten lakonisch das Weltgeschehen und foppten sich gegenseitig, ein wenig wie Waldorf und Satler von der Muppet-Show. Und damit brachten sie mich zum ersten Mal seit Langem zum Lachen. Da sie keine Mithörer vermuteten, plapperten sie unzensiert und ohne Pause. Beinahe hätte ich gesagt, ohne Luft zu holen, was zumindest für Stein sogar wortwörtlich stimmt. Irgendwann fiel ihnen wohl auf, dass mein Lachen als Reaktion auf ihre witzigen Frotzeleien und trockenen Kommentare zu werten sei, ergo ich sie hören konnte. Schlagartig herrschte betretenes Schweigen. Aber nicht lange, denn nun sprach ich sie leise an. Und es erwies sich, dass die beiden Naturgeister mir Liebe und Stabilisierung schenken konnten. Wofür ich angesichts des bisherigen Verlaufs meiner Geschichte sehr dankbar war. Da sie ihren Ort nicht verlassen konnten, besuchte ich sie und schwatzte mit ihnen. Ich würde sogar behaupten, dass die Freundschaft zu Baum und Stein bis heute meinen Humor wesentlich mitprägt.

Die nächsten Wochen und Monate beruhigten unsere Lebenslage etwas, jedoch hielt der Frieden nicht lange an, denn kurze Zeit später ging meine Mutter abends zum Dienst, verschloss die Tür hinter sich – und kam nicht wieder. Ich befand mich eine Woche allein in der verschlossenen Wohnung, und wie es mir eingeprügelt war, verhielt ich mich ruhig. Ich weiß noch, dass ich in dieser Woche einen Kanten Brot und ein Stück ungarische Salami zu Verfügung hatte, die ich, so weit es ging, streckte. Immer nur ein Bissen … Nach etwa einer Woche kam es zu einer skurrilen Situation. Es klingelte, und da meine Mutter mir verboten hatte, die Türe zu öffnen, und ich stets aus dem Fenster schauen sollte, um zu sehen, wer geklingelt hatte, tat ich dies. Es war jedoch niemand zu sehen. Um eine bessere Sicht auf den Hauseingang zu bekommen – das Klingeln hörte nicht auf –, schob ich meinen Oberkörper weiter aus dem Fenster heraus, mit den Beinen ein Gegengewicht haltend. Am Ende lag ich steif wie ein Brett, den Kopf weit außerhalb, die Füße im Zimmer, als mich jemand packte und ins Zimmer zurückzog. Ich war starr vor Schreck, aber es war nur ein Polizist. Nachdem ich eine Woche nicht zum Unterricht erschienen war, hatte meine Lehrerin wohl die Polizei gerufen.

Was aber war passiert? Mit letzter Sicherheit lässt sich nur feststellen, dass meine Mutter die Treppen des Untergrund-Messehauses in Leipzig hinabgestürzt war, während sie ein Tablett mit Gläsern und Flaschen trug. Die Glassplitter schnitten ihr die rechte Körperhälfte auf, zudem war das rechte Bein durch einen komplizierten Trümmerbruch zerstört. Es ist bis heute unklar, ob sie einfach nur gefallen ist, Alkohol bei diesem Unfall eine Rolle spielte oder ob sie gestoßen wurde.

Ich glaube, ich war es selbst, der auf die Nachfrage der Volkspolizei, ob es noch andere Angehörige gäbe, Oma ins Spiel brachte. Jedenfalls kam ich so für ein paar Wochen zu ihr. Als meine Mutti aus dem Koma erwachte, besuchten wir sie im Krankenhaus. Sie lag in einem Bett, mit Schnittwunden übersät, das rechte Bein in Gips, mit Schienen verschraubt und fixiert sowie durch Drähte in der Luft gehalten. Jede Körperbewegung war unmöglich.

Zwei Wochen später, wir wollten sie wieder besuchen, fanden wir sie nicht mehr in ihrem Zimmer vor. Laut Aussage der Ärzte soll sie sich aus eigener Kraft von den

Schienen losgerissen haben und ward nicht mehr gesehen. Das ist natürlich vollkommener Quatsch. Für diese Geschichte gibt es eigentlich nur zwei denkbare Erklärungen. Variante eins: Der westliche Geschäftsmann, in welchen sie sich verliebt hatte und von dem ich bis heute nicht mal den Namen weiß, bestach mit D-Mark die Ärzte, sie loszumachen, und verhalf ihr dann zur Flucht in den Westen. Zweite Variante: Die Staatssicherheit hatte die Ärzte unter Druck gesetzt, sie loszumachen, um sie in den Westen zu bringen, damit sie dort ihre Tätigkeit als Spionin fortsetzen konnte. Variante zwei lässt den Unfall in einem neuen Licht erscheinen. Es könnte sich um eine absichtliche Selbstverletzung meiner Mutter gehandelt haben, um dem Wunsch der Stasi, sie in den Westen zu schleusen und mich zurückzulassen, nicht nachkommen zu müssen. Offiziell jedenfalls war sie nun republikflüchtig, und damit kam auch die gesamte Familie unter Generalverdacht, denn in der DDR galt das Sippenhaftprinzip. Davon war hauptsächlich ich betroffen. Um ein Druckmittel zu haben, entzog man mich der großelterlichen Fürsorge und »inhaftierte« mich in einem der berühmt-berüchtigten DDR-Kinderheime.

Eine Hölle auf Erden

Ich kann weder genau sagen, wo ich mich befand, noch habe ich viele Erinnerungen oder ein Gefühl, wie viel Zeit ich dort verbrachte. Das Heim lag wohl im Bezirk Leipzig. Die Mulde floss, glaube ich, in der Nähe.

Ich erinnere mich an den Schlafsaal, der extrem groß war, ich schätze, an die 50 Kinder waren dort zusammengepfercht. An den Wänden standen zweireihig Doppelstockbetten, während die zentralen Teile des Raumes mit kleinen Gitterbettchen zugestellt waren, wovon nicht wenige über einen ähnlichen Verschluss verfügten wie jenes, das ich von meinem Stiefvater kannte. Zur Strafe wurden auch größere Kinder tagelang drin eingesperrt. Weitere Strafen: Essens- und Schlafentzug, Faustschläge in den Bauch, Erbrochenes musste vom Boden aufgeleckt werden, Tritte auf am Boden Liegende – all dies war hier normaler Alltag. In der Luft lag ein ekliger Geruch von Bohnerwachs durchmischt mit Resten von Urin, Kot und Gestank nach Erbrochenem. Die Jungs wurden bei den geringsten Verfehlungen gequält, erniedrigt und verprügelt, die Mädchen vergewaltigt. Aufgrund meiner eigenen Erfahrungen wusste ich genau, was da geschah, und die über die Gänge hallenden Schreie waren kaum zu ignorieren.

Ich zog mich nach innen zurück und versuchte, nicht aufzufallen. Zwei Stunden am Tag waren Spielzeit, und wir durften, oder mussten, raus. Der Spielplatz war eine Sandgrube mit einem Karussell und einem kleinen Klettergerüst. An den Rändern des Areals gab es Bäume. Hierhin zog ich mich zurück, in die Unsichtbarkeit zwischen Zweigen und Sträuchern, dorthin, wo mich niemand sehen konnte und ich doch einen Überblick hatte. Hier saß ich, angelehnt an den Stacheldrahtzaun, und versuchte, nicht zu denken oder zu fühlen. Ich wusste weder, warum ich hier war, noch wann oder ob ich jemals hier wegkommen würde. Meine Großeltern drohten zeitgleich damit, den Fall öffentlich bekannt zu machen, und brachten sich damit in große Gefahr. Meine Großmutter ging sogar so weit zu behaupten, sie hätte bereits einen Bericht und entsprechende Dokumente einer Heimatfreundin aus dem Sudetenland zugespielt, die es nach der Vertreibung nach Düsseldorf verschlagen hatte. Das war zwar eine glatte Lüge, ein Bluff, aber er zog, denn plötzlich flatterte ein Gerichtsbeschluss ins Haus, der beinhaltete, dass das Sorgerecht vorerst meinen Großeltern zugesprochen wurde. Damit öffneten sich mir die Tore der Hölle, und ich konnte sie verlassen. Zumindest äußerlich, denn in mir trug ich all die Erinnerungen an diesen furchtbaren Ort. Dennoch, das größte Leid war mit einem Schlag für beendet erklärt. Und so soll auch dieses Kapitel enden.

 *Lehren*

Ist Schmerz ein notwendiges Übel?
Leben ist Leiden, konstatierte einst der Buddha. Leben ist Schmerz, möchte ich ergänzen. Gemeint ist damit nicht, dass das Leben nur Leid und Schmerz wäre, obwohl es mir bis dahin so auch hätte erscheinen können. Ich meine damit: Jeder Mensch wird im Laufe seines Lebens Leid und Schmerz erfahren, es gibt kein Leben ohne diese, sie sind wie der dunkle Begleiter des Lebens. Es stellt sich die Frage, ob das so sein muss oder ob es Möglichkeiten und Wege gibt, den Schmerz zu minimieren und eine Gegenkraft – Freude, Glück oder Heiterkeit – zu forcieren? Schließlich habe ich erlebt, wie der Schmerz und das Leid

maximiert werden können, da wird es doch wohl gerechterweise auch eine Gegenstrategie geben, oder?

Wir sollten uns davor hüten, Schmerz zu verteufeln. Er hat eine Funktion, nämlich Bewusstsein zu wecken, wach zu machen und Aufmerksamkeit zu lenken. Insofern scheinen auch die Verdrängung, das unbewusste Vor-sich-hin-Dämmern, jener allgemeine Zustand geistiger Umnachtung, den die meisten ihr Leben nennen, Schmerz zu vermehren. Hierbei gilt es zu unterscheiden zwischen dem natürlichen Schmerz, der lediglich eine deutliche Signal-, ja Warnwirkung hat, unnatürlichem Schmerz, der künstlich erzeugt wird, und dem chronischen Schmerz als Begleiterscheinung einer Erkrankung oder Konditionierung. Wir erkennen daraus, dass unsere Körper unperfekte und anfällige Abbilder der Wirklichkeit sind.

Interessanter ist hier der Schmerz, den wir selbst zusätzlich erzeugen, und die Frage, brauchen wir das wirklich? Und das ist eine Frage, die mich in meinem Leben immer beschäftigt hat, ist dieser Schmerz notwendig, und wenn ja, wozu? Weshalb haben Menschen Freude daran, sich und der Welt zu schaden?

Meist wohl, weil sie selbst in einer schmerzhaften Situation stecken und, statt diese zu lösen, den Schmerz nur weiter übertragen und bestätigen. Schleppe ich eine Verletzung mit mir herum, und diese kann sich nicht als Schmerz äußern, sie wird also verdrängt, bleibt nur die Veräußerung, um nicht vom Schmerz zerfressen zu werden. Diese Veräußerung des Schmerzes ist nichts anderes, als diesem einen Kanal zu bieten, durch welchen er abfließen, sich entladen kann. Das verschafft kurzzeitig Befreiung und Befriedigung. Jedoch hält dieser Zustand nicht an, der Schmerz kehrt zurück und meist heftiger als zuvor. Was daraus entsteht, nennen wir eine Schmerz- oder Gewaltspirale. Da wir uns mit dem Schmerz identifizieren, beginnen wir, jede gegen den Schmerz gerichtete Maßnahme als Angriff auf uns selbst zu werten. Wir verteidigen und rechtfertigen den Schmerz. Auf Dauer wird so ein Verhalten etabliert, welches Schmerz, Leid und Elend hervorbringt, statt diese Zustände zu heilen. Und wir speisen diese Energien ins Gesamtsystem ein, wo sie ein kollektives Eigenleben zu entwickeln beginnen, was dann auch ganze Völker, ja den gesamten Planeten betreffen mag.

Krieg ist ein Ausdruck verdrängten inneren Schmerzes eines Volkes. Er wird daher aus Sicht der Kriegstreiber immer als eine Form der Selbstverteidigung wahrgenommen. Wollen wir Frieden in der Welt, müssen die Völker zusammenstehen und sich gegenseitig helfen, ihren Schmerz zu heilen.

Gleiches gilt auch für den persönlichen Bereich. Wir sollten aufhören, den emotionalen Schmerz zu unterschätzen, ist er doch meist permanent, und die nur temporäre Verdrängung sorgt für ein scheinbares Wohlgefühl und die Illusion einer Veränderung.

Schmerz ist Folge von Egoismus

Die Frage, die sich mir damals aufdrängte, ist die, warum Menschen sich so etwas antun? Was treibt sie dazu, aus eigenem Leid das Leiden eines anderen zu wollen? Wie kann jemand glauben, dass sich das eigene Leid mildert, indem man jemand anderem Leid zufügt?

Das ist pure Unbewusstheit, ein Unwissen über die wahren Zusammenhänge des Lebens, denn jedes Leid, dass ich jemandem zufüge, ist eine Selbstverletzung. Jesus sagt hierzu, was du deinem Bruder oder deiner Schwester antust, das tust du dir selbst an. Dies gilt übrigens im Guten wie im Bösen.

Die Instanz, die als Kernenergie so leidenschaftlich Schmerz und Elend produziert, ist der Egoismus. Es ist die angsterfüllte Regung eines Ich, das sich getrennt von allem anderen wahrnimmt. Nur diese künstlich aufrechterhaltene Trennung ermöglicht den Glauben, dass der Schmerz, den Ich anderen Lebewesen zufügt, es selbst nicht betrifft. Egoismus entsteht, wenn das Ich und das Eigene im Vordergrund gehalten werden.

Will man weniger leiden, sollte man aufhören, Leid zu produzieren. Denn die Trennung sorgt für Mangel, der als Schmerz wahrgenommen wird und sich verselbstständigt. Diesen Mangel will das Ego durch Haben-Wollen ausgleichen. So entsteht der Glaube, es stehe einem zu, so zu handeln. Die Welt als Besitz des Raubtieres Mensch, der ja bekanntermaßen sich selbst der Wolf ist. Und statt nach Wiedervereinigung zu streben, hackt das Ego alles kurz und klein.

Dabei erscheinen egoistische Verhaltensweisen als Sucht und gehen oftmals mit einer solchen einher. Und wie der Süchtige nach seinem Stoff, so giert das Ego nach dem nächsten Schmerz, den es anderen zufügen darf. Und leidenschaftlich verteidigt der Egoist seine Lebenswelt, auch wenn es den eigenen Untergang bedeutet. Das Ego ist dumm und zutiefst irrational, wie ein Programm, und

Menschen wirken ferngesteuert, wenn sie unter seinem Einfluss stehen. Sie sind, wie man so sagt, nicht sie selbst. Nach außen hin trägt das Ego oftmals ein Make-up des Guten, Wahren und Schönen und ist vollkommen davon überzeugt, ein guter Mensch zu sein. Doch kratzt man nur etwas an der Fassade, kommt das wahre Gesicht zum Vorschein. Es ist eine Farce, eine Lüge, und als solches dient es auch nur dem Herrn der Lüge.

Auch das ist eine wenig bekannte Wahrheit. So wie jeder Mensch einen Schutzengel hat, hat er auch einen dunklen Begleiter, einen Dämon, einen Schwachpunkt, der ihn ins Ego treibt. Dieser flüstert, von den meisten nicht bewusst wahrnehmbar, ständig auf uns ein, dem Ego die Führung zu überlassen.

In diesem Sinne ist Egoismus eine Religion. Wer seinem Ego folgt, opfert sein wahres Menschentum auf dem Altar des Satans. Und dabei werden egoistische Verhaltensweisen auch noch zu etwas Gutem und Richtigem deklariert.

Interessant auch: Die meisten, die sich egoistischer Verhaltensweisen bedienen, lehnen den Egoismus bei anderen ab, kreiden ihnen diesen an, aber selbst bestehen sie weiter darauf, egoistisch sein zu dürfen. Dieses unterschiedliche Maßanlegen an das Eigene und an das Andere ist ein sicheres Anzeichen für bereits überbordenden Egoismus.

Ein weiteres Anzeichen: Anderen ein Verhalten vorwerfen oder dieses ablehnen, dessen man sich selbst bedient. Schlechtes denkt, wer Schlechtes tut, und Schlechtes tut, wer schlecht ist. Dies einzusehen und zu bekennen fällt schwer, dennoch, es ist der erste Schritt zur Überwindung des Egoismus.

Egoismus ist der meistverbreitete Glaube auf dieser Welt und geht oft mit einer zweiten, offiziellen Religion einher. Was ich damit sagen möchte: Die Trennlinie befindet sich nicht zwischen Christen, Muslimen, Buddhisten usw., sondern zwischen Egoisten und Selbstlosen. Wahrlich, ich sage euch, zwei egoistische »Christen« haben mehr Streitpotenzial untereinander als ein selbstloser Christ und ein selbstloser Muslim!

Bei all dem ist Egoismus zweifelsohne die dümmste aller Glaubensformen, da die Existenz eines Egos bereits wissenschaftlich widerlegt worden ist. Das Ich ist eine Illusion, die alle paar Sekunden vom Gehirn neu erfunden wird. Es existiert nicht an und für sich. Es ist auch nicht zu verwechseln mit dem Bewusstsein. Es ist der Glaube an einen nachweislich nichtexistenten Gott. Jede andere Religion ist rationaler als der Glaube an das Ich!

Absage an das Ego und das Leid

Wenn man nun noch bedenkt, dass alles zusätzliche von Menschen erzeugte Leid eine Folge dieses Glaubens an ein Ich ist, wird verständlich, wie gefährlich diese Haltung in Wahrheit für uns und die Welt ist. Und auch, wie sehr die Dämonen ein Interesse daran haben, zwecks eigenem Machterhalt über die Welt diesen Glauben zu fördern. Ergo ist Ich-Glaube die Reinform des Satanismus. Um dies zu erkennen, muss man allerdings die Oberfläche verlassen und in die Tiefe schauen. Auch hier wird der Satan persönlich alles unternehmen, damit die Menschen dies nicht tun. Der Physiker Wolfgang Ernst Pauli formulierte es mal treffend, indem er sagte, dass Gott das Volumen erschaffen habe und der Teufel die Oberfläche. Und genau so braucht uns das Ego fürs eigene Überleben: oberflächlich betrachtend und jeden Tiefgang meidend.

Das blinde Folgen der Ich-Illusion ist also Ursache des Leidens, dem folgend bedeutet die Überwindung des Egoismus auch die Überwindung des Leidens. Dies geschieht, indem wir in unsere Tiefe gehen und vom Kern unsere Instanzen und Prioritäten neu ausrichten, und zwar an der äußeren Wahrheit und nicht mehr an der angenommenen Realität des Egos. Betrachten wir das Ganze nämlich realistisch, stellen wir fest, dass das Ich nur ein Teil des Ganzen und diesem von Natur aus untergeordnet ist. Uns dieser Wahrheit anzugleichen würde bedeuten, unser eigenes Ich den niederen Platz zuzuweisen, der ihm zusteht, sowie unsere persönlichen Befindlichkeiten zurückzustellen zugunsten des Großen und Ganzen. Dann hätte das Wohl der Welt die erste Lebenspriorität, während mein Ich diesem glücklich untergeordnet ist. Wenn wir für das Wohl der Welt sorgen, muss ich mir um mein persönliches Wohl keine Sorgen und Gedanken mehr machen.

Diese Unterwerfung des eigenen Ich ist der Beginn zum eigentlichen Abenteuer des Lebens. Denn zu diesem haben wir durch das Ich nur einen verzerrten Zugang. Identifizieren wir uns aber mit dem Ganzen statt mit dem kleinsten Teil, so gewinnen wir auch das ganze Leben mit seiner ganzen Freude. Erst aus dieser Haltung gelingt uns auch die Heilung der Welt.

Wir sollten also dem Ego und seinem bösen Trieb Widerstand leisten und das Höhere Selbst, unser wahres Menschentum, kultivieren. So werden ein neues Bewusstsein,

ein neues Zeitalter, eine neue Erde und Menschheit entstehen.

Auch die Vergänglichkeit wird überwunden, wenn man den Tod in jedem Augenblick als Freund akzeptiert, er ist Teil des Ganzen, nichts, wovor man Angst haben sollte, sondern ein Retter in höchster Not. Nur wer bereit ist zu gehen, kommt im Leben auch vorwärts.

Bewusstseinsstand: Der Angst entgegentreten

In meiner frühen Kindheit war mein Bewusstsein von den Ereignissen fragmentiert. In diesem Alter lernt ein Kind aus den Erlebnissen mit den Erwachsenen für das eigene Wachstum. Ich verwende gern das Bild eines Spiegels, in welchem das Kind sich erkennt und bildet. Auch die Ich-Werdung findet in diesem Zeitrahmen statt. Mein Spiegel war aber, als hätte jemand mit der Faust darauf geschlagen. Zersplittert, doch noch hielt der Rahmen alles zusammen. Und es sollte meine Aufgabe werden, die Bruchlinien zu heilen und mir ein ganzheitliches Bild zu machen. Zu diesem Zeitpunkt war ich im Schmerz gefangen, ängstlich, verstört, zurückgezogen. Aber auch ungewöhnlich wach und aufmerksam. Menschen gegenüber verschlossen, der Welt gegenüber misstrauisch, der geistigen Welt jedoch ungebrochen offen. Bis heute versichere ich mich bei Räumen der Ausgänge und checke die Anwesenden ab. Und es reicht eine unerwartete, schnelle Bewegung meines Gegenübers, um mich zusammenzucken zu lassen. So kann ich aus eigener Erfahrung sagen, solche Traumata verschwinden nie ganz, sie sind Teil unserer Geschichte, und es bringt nichts, sie zu verdrängen. Was bleibt, ist, sich davon zu lösen, um den negativen Einfluss auf die Gegenwart zu neutralisieren. Und doch sollte man hinschauen, um nicht dem unbewussten Einfluss des verdrängten Schmerzes zu erliegen und damit Opfer zu bleiben oder gar Täter zu werden! Auch dies ist Teil des Ganzen, und es gelingt nur, ein neues Leben zu etablieren im vollen Bewusstsein des alten. Dies gilt für den persönlichen Bereich wie für den kollektiven. Wer das Vergessen fordert, hat bereits den nächsten Schmerz im Sinn! Eine weitere Folge meiner Erlebnisse waren Fluchttendenzen, ein »ich will weg« (aus dem Schmerz). Auch dies ist gefährlich, denn der Schmerz wird dadurch verstärkt, solange nicht klar ist, wo man hin will. Ein pures Weg-Wollen versperrt das Weg-Gehen, es ist eine Form des Festhaltens. Gott sei Dank hatte ich Verbündete in der Natur, zu denen ich hinwollte und die mir Trost und Aufrichtung gaben. Dieses Hin-zur-Natur hat, glaube ich, auch befördert, die eigene Natur entdecken zu wollen. In jedem Fall beschäftigten mich die Ereignisse und sorgten so dafür, dass ich mich mit der menschlichen Natur auseinandersetzte, was letztlich zur Selbsterkenntnis als erstem Schritt auf dem spirituellen Weg führte.

Übungen

Es ist klar, dass ich in dieser Periode noch keine spirituellen Übungen vollzog. Auch klar ist, dass mir viel Leid erspart geblieben wäre, hätte spirituelle Praxis zum selbstverständlichen Alltag gehört. Und die meisten magischen Systeme beginnen ihre Lehre mit Schutz, Reinigung und Erdung. Und thematisch passt das auch gut zum Kapitel.

Schutzkreis für innere Stärke

Es gibt verschiedene Arten von Schutzkreisen. In der einfachsten Variante handelt es sich um einen visualisierten Kreis um dich herum, eine Art energetischer Gartenzaun. Weder sollte es eine Mauer sein, durch die nichts dringt, es sei denn, dies ist temporär gewollt, noch ist es gut, ganz ungeschützt zu sein. Im ersten Fall dringt gar nichts mehr zu dir vor, was auch deine Wahrnehmung verfälschen kann, es findet kein Austausch, keine Kommunikation statt, du wirkst dicht, zu, verschlossen. Im zweiten Fall bist du ungefiltert allem ausgesetzt, womit man dich konfrontiert, du entwickelst dich zum Ja-Sager, der sein Fähnchen in den Wind hängt, keine innere Stabilität hat und Konflikten aus dem Wege geht.

Schließe den Kreis im Uhrzeigersinn, geöffnet wird er gegen den Uhrzeigersinn. Stelle ihn dir als farbiges Licht vor, welches aber durchlässig sein sollte. Gib ihm klare Anweisungen, wovor er dich schützen soll oder welche Energien dich noch erreichen dürfen. Beispiel: »Wehre alle Verletzungen ab und lass nur Liebe hinein.« Ich habe mich innerhalb des Schutzkreises sofort sicherer gefühlt und mit mehr Selbstsicherheit agiert.

Der Kreis kann im Boden verankert sein, dann wirkt er am Ort, oder du setzt sein Zentrum ins Herz, dann kannst du dich mit ihm bewegen. Du kannst mit verschiedenen Farben operieren und die Auswirkungen beobachten. Am besten ist es, wenn du deine Beobachtungen notierst. Dies könnte der Beginn deines eigenen Zauberbuchs sein.

Schutzengel-Gebet zur Erhellung deines Weges

Neben der stärkeren inneren Verbindung zu meinem Schutzengel wurde mir durch das Gebet mein Weg tatsächlich klarer. Ansonsten linderte es manche Not und manchen Schmerz, den Schutzengel an meiner Seite zu fühlen. Der Schutzengel ist eine äußere, mit dir verbundene Intelligenz des Universums. Er entspricht der lichtvollen Seite unserer Persönlichkeit. Daher können wir vom Charakter unseres Schutzengels auf unsere Bestimmung und unser höheres Selbst schließen. Er ist die uns am nächsten stehende lichtvolle Instanz, daher sollten wir als Erstes den Kontakt zu ihm suchen.

Meine Oma lehrte mich folgendes Schutzengel-Gebet: »O Herr, lass meinen guten Diener mir zur Rechten und zur Linken, vor und hinter mir, über und unter mir, lass ihn um mich sein und das Böse vertreiben. Amen«

Gerade zu Beginn der Arbeit hat sich solch ein rituelles Gebet als Einstieg bewährt. Ansonsten gilt: Sprich deinen Schutzengel direkt an, sprich zu ihm wie zu einem Freund, er ist dein von Gott befohlener Diener, würdig für Gebet, doch nicht für die Anbetung. Seine Aufgabe ist die Lebensbegleitung, die Wegerhellung und die Hilfe in höchster Not, so Gott will, aber er wird selten von sich aus aktiv. Fast alle Schutzengel könnten mehr tun, würde man sie einfach darum bitten. Sie sind Diener eines fremden Willens, sie kennen keinen eigenen. Damit reagieren sie auf Willensäußerungen von Oben oder auch von uns, die sie uns gern zu erfüllen helfen, wenn unsere Wünsche in Harmonie mit dem Großen und Ganzen stehen. Trotz der Dienerschaft ist angesichts ihres Entwicklungszustandes ein Befehlston unangebracht, die beste und klassischste Form der Ansprache ist das Bittgebet. Stell dir deinen Schutzengel als ein Lichtwesen vor, welches gerne mit dir zusammenarbeitet, dir an Wissen und Kraft weit überlegen, dennoch klare und freundliche Anweisung von dir benötigend. Pflege eine gute Freundschaft zu ihm.

»Denn er hat seinen Engeln befohlen, dass sie dich behüten auf all deinen Wegen, dass sie dich auf den Händen tragen und du deinen Fuß nicht an einen Stein stoßest.« Psalm 91, 11 und 12

Erdende und energetisierende Atmung

Ebenso wichtig kann es sein, bereits aufgenommene Informationen wieder abzuleiten. Und wie wir gelernt haben, ist es besser, sich dem bewusst hinzuwenden, als durch Verdrängung und Stau auf die nächste »zufällige« Entladung zu warten.

Im Laufe der Zeit sollte man sich mit verschiedenen Atemtechniken ausstatten. Anfangs genügt es, bewusst ruhig und tief zu atmen. Wandere imaginativ nach unten. Stelle dir vor, wie sich ein Kanal roten Lichts oder eine

Wurzel nach unten öffnet. Dies verbindet dich mit dem Fundament, stabilisiert dich, erdet die Energie. Leite nun bei jedem Ausatmen störende und verbrauchte Energie ab. Beim Einatmen nimmst du die Kraft von Mutter Erde in dir auf. Diesen Kreislauf halte für 5–10 Minuten. Dann verlasse die Imagination und tauche wieder zu dir, zum Alltagsbewusstsein auf.

Dies ist bereits eine kurze Form der Meditation. Übe sie für einige Wochen täglich, dann nach Bedarf. Bedenke aber, Mutter Erde auch zu dienen und etwas zurückzugeben, wenn du dich an ihrer Energie nährst und ihr negative Inhalte zur Verarbeitung überlässt! Die Übung hat mich verwurzelt, mir Standfestigkeit verliehen, sie wirkt reinigend und stärkend. Darüber hinaus stärkt sie die liebende Verbindung zu Mutter Erde.

~~~~~~~~~~~~~~ *Quanten-Essenz* ~~~~~~~~~~~~~~

Egoismus ist immer Zerstörung und Selbstzerstörung. Ergo liegt die Lösung des Problems, auch im planetaren Sinne, außerhalb des Egos und ist nur dort zu suchen und zu finden.

Der Leibhaftige und
ein Auftrag von Oben

Was nun folgte, waren die Jahre des Wiederaufbaus. Wie jedes zusammengebrochene System brauchte ich Hinwendung und Bestätigung. Nun, eigentlich Liebe, aber was soll ich sagen, man bekommt nicht immer, was man sich wünscht oder braucht. Vor allem dann nicht, wenn niemand da ist, der es hat, um es zu verteilen. Es ist meinen Großeltern hoch anzurechnen, was sie leisteten, schließlich waren ihre eigenen Traumata nie verheilt. Diese brachen erst im hohen Alter brachial über sie herein, denn irgendwann lässt die Kraft zur Verdrängung einfach nach. Nun bemühten sie sich neben der Pflege von Uroma Bertl auch noch um ihren schwer traumatisierten Enkel. Während Opa arbeiten war, sollte ich irgendwann am frühen Nachmittag von der Schule zurück sein. Doch statt nach Hause zog es mich in die Natur der Umgebung in Dölitz bei Leipzig. Direkt vor unserem Haus dehnte sich ein riesiger Gartenverein aus, dahinter kamen Wiesen und der Silbersee, und auf der anderen Seite stand eine alte Siedlung, »Zur Krähenhütte« genannt, die einen wunderbaren alten Baumbestand hatte, daran grenzten wieder Gärten.

Wie oft hörte ich es von Ferne jodeln, manchmal begleitet von einer tieferen, rauen Stimme, die meinen Namen schrie, denn Tante Emmy war als Verstärkung häufig mit von der Partie. Statt des erwarteten Donnerwetters war meine Oma jedoch immer einfach nur froh, wenn sie mich gefunden hatte. Das hilft einem Kind zwar auch nicht gerade bei der Orientierung, half mir persönlich aber ein Stück weit, meine Seele zu heilen.

Es gehörte nun zum festen Ritual, dass wir zweimal in der Woche, ich glaube Dienstag und Freitag, durch die Gartenanlage pilgerten, links vorbei am Monte Scherbelino, einem der größten, mittlerweile nicht mehr genutzten, jetzt begrünten Müllberge in Leipzig. Ursprünglich wurde hier der unbrauchbare Schutt aus den Trümmern des Zweiten Weltkriegs aufgeschichtet, später diente er als offizieller Müllablageplatz. Dann kam man in ein Gebiet mit kleinen Häusern, die alle aus rotem Backstein gebaut waren und sich um einen mächtigen Wasserturm gruppierten. Hier praktizierte eine Kinderpsychologin. Es gab nur Gruppensitzungen, wir spielten, malten und bastelten. Frau Doktor nutzte ihre Beobachtungen analytisch, um mehr über die Kinder zu erfahren, und auch als therapeutische Interventionsmöglichkeit. Für mich waren diese Sitzungen echte Höhepunkte, und ich konnte es kaum erwarten, bis wir wieder zum Wasserturm wanderten. Mir taten die Stunden gut, und ich gewann dadurch an Stabilität und etwas mehr Zutrauen zu den Menschen.

An die Schule in dieser Zeit kann ich mich kaum erinnern. Viel zu sehr war mein Bewusstsein mit der Verarbeitung anderer Dinge beschäftigt, als dass ich mich wirklich auf den Unterrichtsstoff konzentrieren konnte. Die Schule gab mir aber eine in der Folge wichtige Fertigkeit, denn ich begann zu lesen – viel zu lesen. Und ich saugte das Wissen meiner Oma und Uroma auf: die gesamte Welt der böhmischen Sagen und Legenden, das Wissen um Kräuter, Pilze und Bäume, dazu ihre seherische Begabung, die Anwendung der Edelsteine und so manch volkstümliches Ritual.

Auch blieb Mutter Natur meine Lehrmeisterin. Wir fuhren oft zu Tante Lindl, der Schwester meiner Oma, und ihrem Mann Onkel Walther in den Harz nach Wernigerode, in die Dahlener Heide, der Geburtsstätte Opa Kurts, oder in die alte Heimat nach Aussig a.d. Elbe, Ustí nad Labem, wo Bekannte eine Datsche direkt gegenüber der Burg Schreckenstein hatten.

Die Macht der Bewusstseinswandlung

Ich öffnete mich stark der Welt der Musik, besonders klassischer, und fand darin Kraft. Zurückblickend kann ich sagen, dass für meine Heilung und spirituelle Entwicklung Bücher, Musik und Natur die stabilsten Inspirations- und Kraftquellen waren und sind. Daneben entdeckte ich noch eine andere Fähigkeit, die mir half, die Angst vor geschlossenen Räumen zu überwinden. In der böhmischen Linie meiner Familie hatte jeder eine bestimmte mystische Fähigkeit. Bei Uroma Bertl waren es seherische Fähigkeiten, meine Oma hatte Zugang zu Steinen und Kristallen, meine Mutter hatte heilerische Begabung, und meine Fähigkeit ist die Bewusstseinswandlung. Diese Fähigkeit machte sich bei mir zuerst bemerkbar durch sogenannte Astralreisen. Da ich unter immer wiederkehrenden Albträumen litt, lernte ich früh, willentlich aus dem Schlaf zu erwachen. Eine weitere Technik, die ich zur Flucht nutzte, war das Wegdrehen. Dabei vollführte ich im Traum eine ruckhafte Drehung des ganzen Körpers, die mich förmlich in eine andere Traumebene schleuderte. Erst viel später lernte ich, dass dies eine Form luziden Träumens ist. Stück für Stück, Traum für Traum, Nacht für Nacht lernte ich nun, meine Träume zu beeinflussen. Bis ich allerlei Künste beherrschte: Ebenen wechseln, Dinge bewegen, fliegen, die Zeit anhalten und vieles mehr. So konnte ich mich dem bedrohlichen Monster eines Tages stellen und es verjagen. Es stellte sich heraus, dass dieses Monster ein Hüter der Schwelle war. Der Hüter ist neben dem Schutzengel und dem dunklen Begleiter die dritte wesentliche Instanz des spirituellen Abenteuers. Er begegnet dir in jeder Schwellensituation. Die Hüter sind die bewachenden Sphingen der Tore zu den höheren Reichen. Sie sind mächtige Engel und treten als deine größte Angst in Erscheinung. Sie zwingen dich zu konditioniertem Verhalten und erscheinen, wenn du ausbrichst und statt der Sicherheit des gewohnten Programms unsicheres Terrain wählst. Sie versuchen, dich mit allen Mitteln davon abzubringen, den auf spirituelle Entwicklung gerichteten Ausgang zu wählen. Diesen Schritt schaffst du nur, wenn er dir wichtiger ist als das eigene Überleben. Während der Engel dir auf dem Weg hilft, wird der Dämon nichts unversucht lassen, dich auf den falschen Pfad zu locken, und der Hüter stellt ein prüfendes Hindernis auf dem richtigen Weg dar. Er fordert den Beweis: Bist du wirklich bereit?

Nachdem nun also das Monster besiegt war, stand ein Tor offen, welches vorher verschlossen war. Ich erwachte, schwebte über mir und sah auf mich herab. Ich erschrak und stürzte förmlich wieder in meinen Körper hinein, bevor ich die Augen öffnete. Das Ereignis dauerte nur wenige Sekunden.

Dadurch aber war meine Neugier geweckt, denn wenn ich meinen Körper verlassen könnte, würde mich kein Raum mehr gefangen nehmen. Gefühlt kam ich so in einer neuen Freiheit an, die mich emotional weiter stabilisierte. Mir war klar: Wenn ich diese Fähigkeit in Notfall nutzen wollte, musste ich lernen, sie zu beherrschen.

Die ersten Versuche führten zu der Erkenntnis, dass es mir am leichtesten gelang, wenn ich den Moment abpasste, in dem ein Traum an Kraft verlor und ich mir dann ins Bewusstsein rief, dass alles eben nur ein Traum sei. So erwacht der Geist lange vor dem Körper. In einem solchen Zustand begann ich, vorsichtig und unter langsamer, andauernder Kraftanstrengung, eine Hand und schließlich den ganzen Arm zu heben, wobei mein Körperarm entspannt liegen blieb. Wendet man sich dann dem zweiten Arm zu, fällt es dort wesentlich leichter, auch diesen anzuheben und zu befreien. Anschließend lockerte ich beide Schultern und legte den Fokus auf den Bauch, denn von hier geht der wesentliche Impuls aus, der sich nach oben fortpflanzt, so, als ob man sich im Bett aufrecht hinsetzen möchte. Sind Bauch und Herz frei, befreit sich auch der Kopf, und der Astralkörper löst sich vom Materiellen. Allerdings ist er immer noch durch die sogenannte Silberschnur mit dem Körper verbunden. Diese hat ihren Namen daher, dass der Astralkörper aus silbern-blau-weiß schimmerndem Licht besteht, das wie Sternenlicht aussieht. Der

Astralkörper ist aber nicht mit der Seele zu verwechseln, und egal was du während einer Astralwanderung erlebst, es ist nicht mit dem vergleichbar, was nach dem Tode kommt. Der Astralkörper wird gebildet aus reinem Bewusstsein in Verbindung mit Lebensenergie. Daher ist es auch wichtig, dass die Silberschnur nicht zerreißt. Denn dann verlässt automatisch der lebendige Wille den Astralleib, der dann Schwierigkeiten hat, in den Körper zurückzufinden. Aber keine Angst, selbst bei weitesten Entfernungen reißt die Silberschnur nicht ab. Die größte Gefahr besteht nur, wenn der Körper künstlich bewegt oder geweckt wird. Auch sollte diese Technik gemieden werden, wenn du mit anderen im Streit liegst, da missgünstige Emotionen ebenfalls die Verbindung abreißen lassen können.

Bereits beim dritten oder vierten Mal kam es zu einer Situation, die mir heute noch im Gedächtnis haften geblieben ist. Die bisherigen Austritte erfolgten immer nachts oder in der Morgendämmerung. Nun war es aber so, dass ich nachmittags ein kleines Schläfchen im Kinderzimmer hielt, während der Rest der Familie im Wohnzimmer einen Film ansah. Der Austritt kam etwas unfreiwillig. Zuerst dachte ich, ich würde träumen, als aber nichts weiter geschah, merkte ich, dass ich nicht unmittelbar vor einer weißen Wand stand, sondern mit dem Blickfeld nach oben an der Decke schwebte. Da ich noch nicht wusste, wie man sich in diesem Zustand am besten bewegt, versuchte ich, mich mit den Fingern an der Decke festzuhalten und mich abzustoßen. Nun ja, mit etwas Geschick klappt das, man sollte auf jeden Fall sehr gefühlvoll zu Werke gehen, denn festen Halt findet man nicht. Wände stellen zwar ein

Hindernis dar, aber man kann sie mit etwas Anstrengung durchdringen. Dennoch empfiehlt es sich, besser offene Fenster und Türen zu nutzen. Ich kämpfte mich nun durch die Wände bis in die Stube, wo gerade der Film »Der grüne Bogenschütze« nach Edgar Wallace im Fernsehen anfing. In meinem Alter hatte ich so einen spannenden Film noch nicht gesehen. Als es mir zu unheimlich wurde, beschloss etwas in mir, weiter zu reisen, aber nicht hinaus ins Freie, dort hatte ich noch zu viel Angst, sondern innerhalb des Hauses. Diesen Gedanken kaum zu Ende gedacht, zog mich eine bestimmte Stelle rechts über mir an.

Durch Decke und Boden zu gehen ist ungefähr so angenehm wie durch die Wand, man hat das Gefühl, sich wie durch ein Sieb zu pressen. Schlussendlich kam ich zwei Stockwerke weiter oben im Haus an. Hier wurde ich Zeuge einer heftigen Auseinandersetzung des dort lebenden Ehepaares. Alkoholgeruch lag in der Luft. Interessanterweise nimmt man, während man im Astralkörper herumwandert, Geruch nicht nur in der Nase, sondern förmlich ganzkörperlich war, da die astrale Energie für die sich in der Luft befindlichen Duftpartikel durchlässig ist. Als der Mann zum Schlag ausholte, wurde es mir zu viel, und ich stürzte zurück in meinen Körper. Beim Rücksturz, der recht blitzartig passierte, spürte ich übrigens die materiellen Hindernisse kaum.

Die Abenddämmerung war mittlerweile angebrochen, und als ich die Wohnstube betrat, war der Film gerade zu Ende. Ich weiß noch, dass meine Großmutter scherzhaft meinte, der Film wäre sowieso noch nichts für mich gewesen, woraufhin ich fragte, woher sie denn das wüsste? Daraufhin meinte sie: »Wer den Anfang nicht kennt, kann das Ende nicht verstehen«. Ein weiser Satz, den ich aber nun mit Nacherzählung der Filmszenen konterte, deren ich mich erinnern konnte. Zum großen Erstaunen oder Entsetzen meiner Großeltern, die mich fragten, woher ich denn einen solchen Film kenne? Ich habe das Rätsel nie aufgelöst, und Opa glaubte wohl bis zuletzt an seine These, dass ich heimlich an der Tür gelauscht hätte, obwohl er mehrfach auf der Toilette war und über mich hätte stolpern müssen. Einen weiteren schlagenden Beweis, dass ich mir alles nicht nur einbildete, lieferte die Frau zwei Stockwerke über uns, die man die nächsten Tage mit einer auffälligen übergroßen Sonnenbrille sah, welche das blaue Auge jedoch nur notdürftig bedeckte.

Götterdämmerung des Sozialismus

Von mir unbemerkt bewegten sich im Hintergrund die Zeit-Ereignisse weiter. Nach dem Verschwinden meiner Mutter sahen und hörten wir bis Ende der 1990er-Jahre nichts mehr von ihr.

Meinem Vater, dem »Kapitalisten« – er hatte ein Taxi-Unternehmen mit einem Angestellten –, traute das Gericht nicht zu, ein Kind sozialistisch zu formen. Ohnehin wurde damals die Meinung vertreten, dass zur Kindererziehung eine Frau notwendig sei. Dies war die Begründung, warum ich nicht zu meinem Vater durfte. Das änderte sich aber schlagartig, als er Sabine kennenlernte. Nun konnte er eine stabile Familiensituation nachweisen, außerdem war

Sabine sehr engagiert in der Partei, sodass nun die sozialistische Erziehung abgesichert schien. Und siehe da, das Gericht übertrug das alleinige Sorgerecht auf meinen Vater. Es fehlten schlicht die Argumente, diesen willkürlichen Unrechtszustand weiter aufrechtzuerhalten. Meinen Vater Wolfgang Buchheim erlebte ich jetzt zum ersten Mal bewusst, seit der Scheidung hatte es ja keinerlei Kontakt gegeben. Ich empfand ihn immer als extrem gefühlskalt und distanziert. Auch die Atmosphäre bei meinen Großeltern väterlicherseits erlebte ich als frostig. Ich weiß bis heute nicht, was in seiner Kindheit vorgefallen ist, das seine Emotionen so hat verlöschen lassen. Ganz ähnlich war die Situation bei Sabine, auch sie wirkte kühl, im Gegensatz zu meinem Vater auch streng, sie hatte das Regiment inne, war aber stets gerecht. Damals fand ich übertriebene Emotionalität unangenehm und übergriffig. Das finde ich bei aufgesetzten Gefühlen übrigens bis heute. Kälte mag zwar für ein traumatisiertes Kind nicht die beste Umgebung für Heilung sein, zumindest aber wirkt sie nicht bedrohlich. Ganz im Gegenteil, eine gewisse Kühle beruhigt den Schmerz.

Ich zog also um und wechselte abermals die Schule. Vom Südosten Leipzigs ging es nun in den Nordwesten, nach Stahmeln. Dort hatte mein Vater, ursprünglich für meine Mutter, wie er immer wieder betonte, ein Haus mit riesigem Grundstück, Hühnern, Gänsen, Schafen, Hunden und Kaninchen gekauft, keine fünf Gehminuten vom Leipziger Auwald entfernt.

Ein Auwald definiert sich durch regelmäßige Überschwemmungen und einen niedrigen Grundwasserpegel. Diese Eigenschaften waren um diese Zeit bereits eingeschränkt, denn durch das Elsterflutbecken kam es nicht mehr zu den regelmäßigen Überschwemmungen. Zudem waren sowohl Elster als auch Luppe damals durch Einleitung von Abfällen der DDR-Industrie so verdreckt, dass das Wasser schwarz und stinkend war, überzogen von weißen bis gelblich-schmutzigen Schaumkronen. Leben gab es an und in diesen Flüssen kaum noch. Und die regelmäßige Überschwemmung mit diesem Dreckwasser wäre dem Wald wohl nicht gut bekommen.

Ich kam an die Hans-Otto-Oberschule in Stahmeln, unsere Klasse war klein, zehn Kinder, davon, wenn ich mich recht entsinne, nur zwei Mädchen, der Rest Jungs. Und ich hatte Glück, dass ich trotz Trauma und dem daraus resultierenden Einzelgängertum keine Ausgrenzung erlebte. Erst jetzt entwickelten sich auch zaghafte Versuche der Freundschaft zu Gleichaltrigen.

Mein Training der Träume und des astralen Reisens setzte ich unvermindert fort. Bis zu diesem Zeitpunkt dachte ich immer, dass jeder so etwas könnte und erlebt habe, man nur nicht darüber spreche. Mit Sprechverboten kannte ich mich ja aus. Erst später sollte mir klar werden, dass die meisten Menschen solche Fähigkeiten haben, sie aber durch Vernachlässigung verlieren. Ungeübt vor sich hin dämmernde Talente.

In dieser Zeit meines Lebens passierte nicht viel, es entwickelten sich stabilisierende Lebensroutinen, die Stück für Stück das Leid und Elend der Vergangenheit vergessen machten. Ich war fast jedes Wochenende und den größten Teil der Ferien über bei Oma und Opa, unter der Woche in Stahmeln.

Erst durch einen notwendigen erneuten Schulwechsel wurde einiges aufgewühlt, was nicht verdrängt sein wollte. Das Schulgebäude in Stahmeln war so klein, dass nicht alle Klassen bis zur 10. unterrichtet werden konnten. Also wurden wir mit der 6. oder 7. Klasse, wenn ich mich richtig erinnere, mit der entsprechenden Klasse der Hans-Beimler-Oberschule im Nachbarort Lützschena zusammengelegt. Die Klassenstärke wurde so mehr als verdoppelt. Zeitgleich bekam ich heftige Herzschmerzen. Das ging bis zur Ohnmacht, und ich fand mich einige Male auf der Liege im Sekretariat der Schule wieder. Da die ärztlichen Untersuchungen nichts ergaben, wurde ich zu einer Psychologin überwiesen, welche ihre Praxisräume im Fachkrankenhaus für Psychiatrie und Neurologie in Altscherbitz hatte. Das Krankenhaus war interessant, auf einem parkähnlichen Gelände lagen weit verteilt die villenartigen gelben Backsteingebäude aus der Gründerzeit. Die Psychologin hatte eine christliche Prägung, machte daraus auch keinen Hehl, ungewöhnlich in dieser Zeit. Durch sie erlernte ich das Autogene Training nach Schultz, Katathymes Bilderleben nach Leuner und schließlich Hypnose. Von dem nicht zu unterschätzenden therapeutischen Wert dieser Arbeit abgesehen, halfen mir diese Techniken bei der Steuerung meines Bewusstseins. Seit dieser Zeit, also mit Ende 12, Anfang 13, übte ich täglich ein bis zwei Stunden eine Entspannungstechnik oder Meditation.

Wir wurden von der Schule aufgefordert, uns sogenannten AGs, Arbeitsgemeinschaften, anzuschließen. Hier konnten die Schüler gemeinsam einem Hobby nachgehen. Das hatte den Vorteil, dass man Dinge tun konnte, zu denen den meisten Bürgern das Geld für Ausrüstung und Material fehlte, so z. B. Fotografie oder Film. Ich wählte Naturschutz und Junge Sanitäter. Helfen und heilen waren schon damals Bedürfnisse von mir. Ich erinnere mich, dass ich Naturschutz für fundamental wichtig hielt, und in einer medizinischen Notsituation Erste Hilfe geben zu können, ist ebenfalls nützlich. Wir lernten viel über die Flora und Fauna der Heimat und zogen hinaus in den Auwald und den Schlosspark Lützschena, um diese zu reinigen und sauber zu halten. Gerade Letzterer sollte noch eine wesentliche Rolle in der Weiterentwicklung meines Bewusstseins haben, ja mich sogar regelrecht auf den Weg zu Gott schicken.

Ich erwähnte ja bereits, wie verdreckt die Flüsse waren. Sauberes Wasser in der Natur kannte ich gar nicht und war entsprechend erstaunt darüber, dass man Quellwasser trinken kann. So langsam dämmerte es mir jedoch, dass es die Menschen sind, die sich unnatürlich verhalten, mit ihrer Natur im Streit stehen und deshalb Krieg gegen die Umwelt führen. Ich wollte mich an dieser Versündigung wider Mutter Erde keinesfalls beteiligen. Lieber wollte ich so handeln, dass sie sich mit mir wohlfühle – um damit letztlich eine Lebensweise zu propagieren, die die Menschheit wieder miteinander und der Welt aussöhnen und Frieden schließen lässt.

Ausgelöst durch meinen Staatsbürgerkunde-Lehrer wendete ich mich zusätzlich der Philosophie zu. StaBü war ein rein ideologisches Propagandafach. Und unser Lehrer liebte es, uns mit dem Auswendiglernen von Zitaten von Marx, Engels und Lenin zu malträtieren, die als Begründung für die eher fragwürdige DDR-Ideologie dienen sollten. Nun war es so, dass man nicht einfach anderer Meinung sein konnte. Deine Antwort hätte logisch und brillant sein können, entsprach sie aber nicht dem, was geglaubt werden sollte, zog dies schlechte Noten, negative Bewertungen oder noch Schlimmeres nach sich, man wurde als »konterrevolutionäres Element« gebrandmarkt. Und hierzu brauchte es manchmal noch nicht einmal einer anderslautenden Meinung, eine Jeans aus dem Westen oder eine auffällige Frisur reichten häufig bereits aus. Die einzige Chance zu fundierter Kritik, die blieb: Mehr zu wissen als der Lehrer. In der Konsequenz arbeitete ich mich nun durch die Werke von Marx, Engels, Lenin und Stalin, deren Gesamtausgaben bei uns in der Garage vor sich hin moderten. Dem Herr Lehrer gefiel es gar nicht, mit den eigenen Waffen geschlagen zu werden, jedoch löste es nicht jene destruktive Kettenreaktion direkter Kritik aus, sondern nötigte ihm ab und an sogar ein Lob ab, weil ich etwas zitieren konnte, das er noch nicht kannte.

So entdeckte ich eine wirkliche Leidenschaft, die ich auf Umwegen über den dialektischen Materialismus fand, nämlich Hegel und den deutschen Idealismus, Kant und die Aufklärung, Fichte bis hin zu Nietzsche und Heidegger. Der Liebe zur Philosophie blieb ich mein Leben lang treu.

Zur Stasi blieb mir der direkte Kontakt durch Oberst Seyfert erhalten, der das Fach Zivilverteidigung an unserer Schule leitete. ZV war der Volkssturm der DDR. Alle Kinder wurden darin ausgebildet, die NVA zu unterstützen, sollte uns der Klassenfeind überfallen. Meine Arbeit in der AG Junge Sanitäter kam mir hier zugute. Der Krieg wurde täuschend echt nachgespielt und die Verletzungen mittels Methoden der Maskenbildnerei plastisch dargestellt. Auch wenn man es als Spiel betrachtet, kann man an dieser Stelle nur Brecht zitieren: »Sicher, sie planen mit dir jetzt schon Kriege«. Eine Tatsache, die mir höchstes Unbehagen bereitete. Ich wünschte mir einen anderen gesellschaftlichen Umgang miteinander, mit Respekt und Hilfsbereitschaft, sich selbst nicht so wichtig nehmend und mit echter Liebe als Basis. Nicht eine Gemeinschaft zusammengeschweißt aus der Not heraus, wie es in der DDR war, sondern eine Gemeinschaft geeint in der Liebe. Auch die Erfahrungen meiner Vergangenheit, die ich mehr und mehr verarbeitete, hinterließen Fragezeichen in meinem Kopf. Wie und warum können Menschen Menschen so etwas antun? Ich wollte eine Gesellschaft, in der keiner mehr solch Leid erleben sollte, wie es mir widerfuhr.

Allerdings wurde mir auch zunehmend klar, dass bei der Starre des Systems jeder Wille auf Veränderung Widerstand seitens des Staates auslösen würde. Die DDR war im Wesentlichen ein Weltanschauungsapparat, der für sich in Anspruch nahm, den Rahmen jeglicher Lebenswirklichkeit seiner Bürger abzustecken. Und egal, wo und in welcher Form dieser Rahmen übertreten wurde, es zog unter Umständen drakonische Strafen nach sich, die nicht einmal mit dem eigenen Rechtssystem konform sein mussten. Das hatte ich ja am eigenen Leib erlebt. Und so steuerte das System unbemerkt aber unwiderruflich seinem spektakulären Abgang entgegen.

Der Leibhaftige

Es war im Februar 1988, ich hatte unruhig geschlafen und war gegen meine Gewohnheiten sehr früh munter, bestimmt eine Stunde vor dem Weckerklingeln. Und es war ein Montag, was ich deswegen noch so genau weiß, weil wir montags immer eine halbe Stunde mit der Straßenbahn zur Schule nach Schkeuditz fahren mussten. Dort wurden wir in den Fächern ESP, TZ, PA (Einführung in die sozialistische Produktion, Technisches Zeichnen, Produktive Arbeit) und Computer unterrichtet. Ich war also früh auf den Beinen, es war frostig und verschneit, außerdem ungewöhnlich nebelig für die Jahreszeit. Durch den Auwald und die vielen Flüsse ist der Grundwasserspiegel bei Leipzig gering, und der Nebel dampft förmlich aus der Erde. Leipzig ist eines der nebelreichsten Gebiete Europas, das London des Ostens nannten wir es scherzhaft, auch wenn die Diesigkeit im Sommer meistens Smog war. Ich dachte: »Wenn ich eine Straßenbahn früher nehme, die ist leer, da kann ich in Ruhe noch etwas Autogenes Training machen und in Schkeuditz einen kleinen Morgenspaziergang.« Der Schnee knirschte unter meinen Sohlen, und der Atem gefror förmlich in der Luft. Die Bahn stadteinwärts war gerade durch, zwischen Stahmeln und Wahren war die Strecke eingleisig, das heißt, eine Bahn musste warten, bis die andere durchgefahren war. Es dauerte erfahrungsgemäß ca. zehn Minuten, vorher konnte meine Bahn also nicht kommen. Ich war ganz allein an der Haltestelle, es herrschte frostige Stille. Ich lief die Haltestelle auf und ab, einfach um in Bewegung zu bleiben. Ich hatte die Strecke vielleicht zwei- oder dreimal zurückgelegt, und als ich mich umdrehte, wurde plötzlich ziemlich in der Mitte der Haltestelle der Umriss eines Menschen im Nebel sichtbar. Ich war erstaunt, weil nichts zu hören war, aber gut, vielleicht schluckte die dichte Suppenküche einfach den Schall. Unbeeindruckt setzte ich langsam meinen Weg fort und näherte mich der Gestalt. Es war eindeutig eine männliche Silhouette, groß gewachsen, Glatze und trotz der Kälte ohne Kopfbedeckung. Er stammte nicht aus dem Ort, Stahmeln war ein kleines Dorf, wo praktisch jeder jeden kannte. Er stand still an einer Stelle, mittlerweile hatte ich die Hälfte der Strecke zwischen uns zurückgelegt und konnte durch den Nebel sehen, wie er sich umdrehte und mich mit den Augen fixierte. Er hatte ein kantiges Gesicht, einen Ziegenbart und dunkle, um nicht zu sagen schwarze Augen, er trug einen langen, schwarzen Mantel.

Es fühlte sich plötzlich an, als hätte ich Watte im Kopf, und eine kalte Faust begann sich um mein Herz zu klammern, und das Mark in den meinen Knochen gefror zu Eis. Irgendetwas zog mich zu ihm dem Mann hin und lenkte wie von innen meine Schritte. Als ich unmittelbar vor ihm stand, packte er mich mit beiden Händen bei den Schultern, immer noch meinen Blick fixierend, beugte er sich zu mir herunter und sprach mit einer seltsam hohl und kalt, metallisch und sonor klingenden Stimme: »Ich kann dir alles geben, was du begehrst, Reichtum, Ruhm und die Macht über die Völker der Erde.« Dabei ließ er mich mit einer Hand los und wies auf das offene Feld. Wie unter Hypnose wandte ich langsam meinen Blick und schaute in die Richtung, in die seine Hand wies. Die Nebel zerrissen, und mir wurde eine strahlende Zukunft in Luxus und Reichtum, würdig eines altägyptischen Pharaos, gezeigt. Unvermittelt wie sie erschienen war, verschwand die Fata Morgana, seine Hand fasste mich wieder bei der Schulter, und er blickte mich an. »Du musst nur eines tun, schließ dich mir an!« Jetzt riss ich mich aus dem geistigen Klammergriff, und ohne darüber nachzudenken, platzte es aus mir heraus: »Auf gar keinen Fall!« Geistig war ich wieder vollkommen klar, nur körperlich blieb die Starre noch bestehen. Die Antwort kam mit solcher Überzeugungskraft aus mir heraus, dass der Mann es nicht wagte, mich noch einmal zu fragen. Sein Blick verriet Überraschung und ging dann in unbändige Wut über. Er ließ mich los, zischte scharf: »Dann nicht so, dann anders!«, drehte sich auf dem Absatz um und lief davon.

Es dauerte ein paar Sekunden, bevor ich mich bewegen konnte, dann setzte ich ihm nach, denn ich war neugierig, wohin er gehen würde. Mittlerweile lichtete sich der Nebel. Seine Spuren im Schnee gingen ein paar Meter und verschwanden dann im Nichts. Und um mich herum herrschte absolute Stille. Da blinkte in der Ferne das rote Andreaskreuz und zeigte meine herannahende Bahn an. Nachsinnend verbrachte ich die Fahrt, an Autogenes Training war nicht zu denken. Mein bisheriges Bild des Teufels änderte sich durch dieses Erlebnis radikal. Er heißt also nicht umsonst Leibhaftiger, weil er in der Tat leibhaftig als vollkommen normal aussehender Mensch in Erscheinung treten kann. Auch ist er nicht einfach nur ein kollektiver Archetyp, sondern eine reale Intelligenz, ein wirkliches Wesen des Universums.

Dianas Prüfung

Die Zurückweisung jenes Angebots löste ein paar Monate später ein zweites Erlebnis aus, zumindest vermute ich, dass das eine mit dem anderen zu tun hat. Es war im Sommer, genau am 8.8.88, wieder ein Montag. Aufgrund der numerologischen Besonderheit des Datums entschloss ich mich, an diesem Tag in die Natur zu gehen, und zwar in den schon erwähnten Schlosspark von Lützschena. Vielleicht erzähle ich erst mal ein wenig über die Geschichte des Areals. Im Jahre 1822 kaufte der Freiherr Maximilian Speck von Sternburg das Areal samt Gut. Sein Geld machte er mit Schafzucht und deren Erzeugnissen sowie Bier. Allerdings wird heute in dem wunderbaren Areal der alten Brauerei in Lützschena kein Sternburger mehr gebraut, die denkmalgeschützten Gebäude sind nach wie vor dem Verfall preisgegeben. Daneben interessierte sich der Freiherr auch für okkulte Themen, war Freimaurer, Kabbalist und Geomant. So begann er, den Park zu einem intellektuell wie emotional anregenden Kraftort umzubauen. Künstliche Wasserverläufe wurden angelegt, um die Energie zu lenken, der Park wurde in verschiedene Zonen eingeteilt, die jeweils einen Teil der Lebenswirklichkeit abbilden. Allerdings wurde nach 1945 kaum eine erhaltende Maßnahme für den Park getroffen, ganz im Gegenteil, man erlaubte sogar, den alten Baumbestand teilweise zu fällen und zu verwerten. Trotzdem gelang es nicht, diesen Lichtpunkt zu zerstören. Es gab eine ganze Reihe von interessanten Orten im Park. Ich kam selten von vorne über die weiße Brücke am Schloss. Meist fuhr ich mit dem Fahrrad in Stahmeln an der Mühle vorbei über die Weiße Elster, folgte der Luppe und bog rechts über einen Pfad in den Park. Über weiche, rund fließend angelegte Waldpfade gelangte man zu den verschiedenen Attraktionen. Damals wusste niemand etwas zur Bedeutung der Bebauung zu sagen. Da stand ein Turmgerüst im Wald, dann kam auf einer künstlich angelegten Insel ein Pavillon, über eine Brücke, hinter der ein uralter Baum stand, der Hüter des Parks, dann vorbei an der Insel des Todes, der alte Familienfriedhof, wo die Verstorbenen von lebendigem Wasser umflossen ruhen. Schließlich erreichte ich den künstlich angelegten See, in dessen Rund eine Halbinsel hineinragte, bekrönt von einem weißen Säulenrondell – eigentlich ein Pavillon, dem damals allerdings das Dach fehlte, welches heute wiederhergestellt ist. Ich nannte ihn immer Venus-Tempel, des romantischen Aussehens und der sechs Säulen wegen.

Ich stellte mein Fahrrad seitlich außerhalb des Rondells ab und schlenderte gemütlich zum Tempel. Dort angekommen erhob ich die Arme zum Himmel und versuchte, mich mit dem Leben um mich zu verbinden. Ich hatte vorher schon die Wesen, die den Park bevölkern, einzeln begrüßt. Plötzlich erhob sich ein Wind. Es war bewölkt, doch just in diesem Moment ging die Wolkendecke auf, und das Strahlen der Sonne brach durch das Laubdach der Bäume und erfüllte den kleinen See mit einer Atmosphäre der Heiligkeit. Und dann erschien ... sie!

Über dem See, riesengroß, materialisierte sich eine weibliche Gestalt. Sie war in weiße, kurze Gewänder gehüllt, hatte schwarze Haare, lächelte milde und nickte mir zu. Ihr Busen wurde deutlich geteilt von der Sehne ihres

Bogens, den sie wie eine Schärpe am Körper trug. Rechts an der Hüfte war ein Köcher zu erkennen, der eigentlich Pfeile enthielt, jetzt aber leer war. Ich dachte bei mir, während ich wie erstarrt das Schauspiel beobachtete, dass sie aussah wie die Göttin Diana. Kaum gedacht erschien von mir aus gesehen rechts hinter ihr ein riesiger Hirsch mit einem goldenen Geweih. Und auf ihrer linken Seite gesellten sich noch zwei große, schlanke, schwarze Jagdhunde zu ihr, einer setzte sich, der andere blieb stehen. Wenn sie sich fließend, langsam bewegte, ging der Wind mit ihrer Bewegung mit. Wenn Teile ihres Gewandes die Kronen der Bäume berührten, bewegten sich die Blätter und rauschten. Und als ihr Fuß den See berührte, gingen von dieser Stelle kreisförmig Wellen aus, wie wenn man einen Stein hineingeworfen hätte. Nun war sie mir ganz nahe, blickte mir in die Augen, dann glitt sie langsam nach hinten und die Vision verschwand. Doch während das geschah, sprach sie jenen verhängnisvollen Satz zu mir, der meinen weiteren Lebensweg prägen sollte. Ihre Worte waren nicht so zu hören, wie wenn wir uns unterhalten. Nein, die Schwingung erfasste sichtbar alles im Innen und Außen, ich konnte mich dieser Kraft nicht entziehen, sie war überall in mir und um mich. Wie elektrische Ladung. Sie erfasste jede Zelle meines Körpers und jedes Neuron meines Hirns, ein Gefühl, als erhielte ich einen Stromschlag. Weich und sanft wie Wellen, doch gleichzeitig rauschend und donnernd wie ein Wasserfall, brannten sich die Worte mir ein:

»Prüfe alle Wege, und wenn du mich als Wahrheit gefunden hast, folge mir!«

Heilende Reinigung

Egal, was dir emotional zustieß, es kann heilen, wenn es die Chance dazu hat. Es gibt Haltungen und Umstände, die dies begünstigen oder erschweren können. Es scheint einen Zusammenhang zu geben zwischen der Haltung, die man selbst einnimmt, und den Umständen, die man erlebt. Der Fokus lenkt sowohl die Energie als auch die Form des Erlebens. Dabei sticht die Haltung aber die Umstände aus. Letztere können noch so gut sein, ohne positive Haltung entwickelt sich keine Wirkung. Und sind die Umstände schlecht, können sie durch eine konsequent positive, schöpferische Haltung veredelt werden.

Regelmäßige emotionale Hygiene ist ebenso wichtig wie körperliche. Reinheit im Innen spiegelt sich in der Reinerhaltung des Außen. Eine reine Natur zeigt sich in der Reinigung der Natur. Naturschutz ist des spirituellen Menschen Pflicht. Wir sind dieser Welt so verbunden wie unserem Leben. Letzteres ist ohne diesen Planeten nicht möglich, die Erde jedoch könnte locker ohne uns leben.

Tiefenentspannung hilft, Starre und Ohnmacht zu überwinden. Niemand ist gezwungen, dort zu bleiben, wo er ist, es gibt immer eine Alternative. Liebevolle Hinwendung und Aufmerksamkeit lösen den Schmerz, Verdrängung bietet keine Lösung. ES ansehen zu können ist notwendig, um SICH annehmen zu können. So komme ich zu mir, erwache aus der Bewusstlosigkeit und beginne zu wachsen. Persönliche liebevolle Präsenz wirkt heilend.

Eine gebende Lebenseinstellung

Achte auf eine gebende Haltung dir selbst und anderen gegenüber. Sei ein Geber, kein Angeber, und sei ein Annehmer, kein Nehmer. Geben sei deine Haltung, vergeben deine Gabe. Vergib dir, wie du dich der Welt vergeben solltest, vergib der Welt, wie dir vergeben werden soll. So wird dein Leben zum Geschenk. Wer jedoch nimmt, dem wird das Leben zum Kampf.

Bedenke jedoch auch die mannigfaltigen Möglichkeiten der Sucht nach Therapie, der Abhängigkeit vom Guru, der Manipulation in Gruppen. Sei dir deiner Verantwortung bewusst und lass sie dir nicht nehmen. Verantwortungslosigkeit ist Ohnmacht.

Lasse dich zu nichts verführen, besser ein schweres Schicksal in Verantwortung als ein leichtes in Schuld. Traue nie der Oberfläche, geh den Dingen auf den Grund. Wahrheit zeigt sich, wenn Gefühl und Logik übereinstimmen. Rede nichts schön oder schlecht, sieh hin und nimm es an, wie es ist. Beende den permanenten Kampf gegen die Realität.

Folge den »eigenen« Gefühlen, Gedanken und Vorstellungen nicht blind, die meisten sind falsch, trügerisch und Versuche des Egos, dich zu kontrollieren. Vertraue nur den eigenen Wahrnehmungen, die zu den Fakten passen und die Welt tatsächlich etwas besser machen, zur Heilung der Erde beitragen. Alles andere ist unwesentlich und vernachlässigbar.

Der radikale Dienst an der Welt ist ungewöhnlich, wird von der egogesteuerten Gesellschaft als abnormal oder gar als Bedrohung empfunden, lächerlich gemacht und abgelehnt. Aber er ist in den Massen verankert die Grundlage für die Rettung der Welt und der menschlichen Zivilisation.

Bewusstseinsstand: ein verbindendes Bewusstsein entwickeln

Langsam schreitet die Heilung von Geist und Seele voran, die einzelnen Splitter fügen sich zusammen, eine neue Ganzheit der Persönlichkeitsstruktur entsteht. Ein Gefühl von Freiheit und schöpferischer Gelassenheit entsteht. Ich wachse über mich hinaus, indem ich Verantwortung übernehme für Dinge außerhalb von mir. So lernt das Bewusstsein, dass die Veräußerung innerer Konflikte nicht notwendig ist, wenn das Bewusstsein sich die Umwelt mittels Verantwortung verinnerlicht. So sind wir in der persönlichen Verantwortung für unsere Umwelt, weil alles, was wir wahrnehmen, in uns ist und zu uns gehört. Sobald ich ein Leid um mich habe, wird es durch Wahrnehmung verinnerlicht. Alles, was ich wahrnehme, ist in mir, und ich bin verantwortlich für alle meine Inhalte.

So wird mein Bewusstsein immer verbindender und verbindlicher. Dadurch stärkt sich die Verbindung zu mir als auch zur Welt. Zunehmend aufgeschlossener, prüfend, sich öffnend, suchend. Ich will wissen und verstehen, Licht hineinbringen, den Dingen auf den Grund gehen. Nur von dort lässt es sich heilen, in der Tiefe, darum der Tiefgang. Das Gute für alle wollend. Wer Gutes für sich will, erschafft das Schlechte. Wer die Welt im Blick hat, trägt sie in sich. Ein reines Bewusstsein entsteht, indem die Verschmutzung gelöst wird. Sauber, klar und rein müssen alle meine Gedanken, Emotionen und Regungen sein. Dann säubert man, statt zu verschmutzen. Ich will verstehen und wissen, warum Menschen so gegen ihre eigenen Interessen handeln und lieber leiden, als etwas zu verändern. Was ist die Lösung, die die innere Verschmutzung der Menschheit reinigt? Welches Waschmittel braucht das menschliche Hirn, um nicht mehr rücksichtslos ausbeutend und zerstörerisch zu sein?

Die Erkenntnisse der Vergangenheit gepaart mit einem Perspektivwechsel führen zu sich verändernden Realitäten. Ignoranz der Fakten verschlimmert die Lage eher. Erkenne dich selbst und deine Rolle in dem Spiel des Lebens. Sei mutig und selbstbestimmt. Spiele keine Rolle, sei du selbst. Menscherkenntnis führt zu Menschenkenntnis. Ein erkennendes Bewusstsein ist ein erwachendes.

Übung

Meditation »Innere Aufrichtung und Zentrierung«

Eine kleine Meditation haben wir bereits im vorigen Kapitel kennengelernt. Es gibt sehr unterschiedliche Meditationstechniken, beispielsweise Mantras, geführte oder Atem-Meditation. Die Übungen, die ich euch jetzt vorstelle, arbeiten mit dem Atem und der Körperwahrnehmung. Sie waren hilfreich, um innerhalb des Körpers jede Stelle fokussieren und mit Information versorgen zu können.

Sie stärken die Feinfühligkeit, bringen Energie in Bewegung und konzentrieren und inspirieren mich auch heute noch.

Praktiziere jede Übung für einen Monat täglich 10–15 Minuten zur selben Zeit. Am besten stellst du dir einen Wecker, sodass du während der Meditation nicht ständig auf die Uhr schauen musst. Du kannst im Sitzen, Stehen oder Liegen üben, wichtig sind nur ein frei fließender Atem und eine aufrechte Wirbelsäule. Hast du mit der körperlichen Aufrichtung Schwierigkeiten, so stelle dir die Aufrichtung von innen vor, das hat denselben Effekt.

Sorge für ein ungestörtes Dasein, stelle die Klingel ab und das Handy auf Flugmodus. Schließe die Augen und lege den Fokus auf deinen Atem. Einfach nur da sein, entspannen und den Atem beobachten. Beginne nun, langsam und bewusst durch die Nase ein- und durch den Mund auszuatmen.

Nach 10–15 Minuten, wenn der Wecker klingelt, komme wieder zu dir und notiere deine Eindrücke. Ist nichts passiert, ist dies höchste Erfüllung.

Wenn du diese Übung einen Monat lang trainiert hast, folgt die nächste Stufe. Sie kann zwar innerlich visualisiert werden, aber ihre körperliche Tiefenwirkung entfaltet sie im Sitzen oder Stehen. Dieses Mal atmest du nur durch die Nase, dein Atem wird jedoch durch sanfte Körperbewegungen unterstützt. Dies kann ein sanftes Wiegen sein – beim Ausatmen nach vorn, beim Einatmen zurück. Mir hat ein Vorstellungsbild dabei sehr geholfen: Stell dir vor, du bist am Meer, sitzt im Wasser und spürst einfach nur den Wellen nach. Und einatmen – die

Welle rollt heran, und ausatmen – die Welle fließt zurück. Visualisiere dich sitzend in dieser Wellenbewegung, die synchron zum Atem stattfindet. Und ganz unwillkürlich, ohne Kraftanstrengung oder bewusste Steuerung, wird dein Körper mitschwingen. Das genau ist der Effekt, der hier wahrgenommen werden soll. Kehre nach deiner Auszeit wieder zurück ins Alltagsbewusstsein und notiere deine Beobachtungen. Mache auch diese Übung etwa einen Monat.

Im dritten Monat variieren wir das Ganze abermals, Abwechslung ist die Würze des Lebens, und gehen in eine rotierende Bewegung über. Hierzu ist es wichtig, dass die Wirbelsäule möglichst gerade gehalten wird. Stell dir einen Spazierstock vor, den du fest auf den Boden drückst. An diesem Punkt am Boden bleibt er starr, wohingegen er oben in kreisförmiger Bewegung ist. Wie ein Wirbel oder Trichter sieht das aus. Ebenso bewegst du deinen Oberkörper im Sitzen. Probiere die Bewegung vielleicht vorher ohne Meditation schon mal, denn je nach Richtung kann ein anderer Effekt eintreten. Bei den meisten wirkt die Drehung im Uhrzeigersinn nach unten und verbindet mit der Wurzel, es wirkt erdend und zentrierend. Die Gegenbewegung öffnet nach oben, lässt den Geist fliegen und pustet das Hirn frei. Probiere beides aus, sammle Erfahrungen und notiere diese.

Es ist der Inhalt, nicht das Aussehen des Gefäßes und nicht das Etikett, der über die Wirkung bestimmt. Spirituelle Arbeit ist also immer Veränderung der Inhalte und Mischungsverhältnisse. Arbeite an deinen Inhalten.

Wendezeiten – Die Toten ruhen nicht und der Schlüsselmeister

Von nun an unterstellte ich mein Leben jenem höheren Befehl »Prüfe alle Wege, und wenn du mich als Wahrheit gefunden hast, folge mir«. Der erste Weg, den ich näher erforschte, war der Spiritismus. Diese Entwicklung erscheint auch historisch folgerichtig, ist es doch eine sehr wahrscheinliche Annahme, dass der Anfang aller menschlichen Religiosität und Spiritualität in den Bestattungsriten und der Ahnenverehrung zu suchen ist. Der Mensch erhofft sich von den bereits von uns Gegangenen Trost, Hilfe und Rat, vor allem aber Informationen darüber, wie es nach dem Tod weitergeht.

Daneben erweiterte ich meine Lesegewohnheiten um die Klassiker der mystischen und religiösen Wege. Ich betrachtete und betrachte das Lesen von Büchern als fundamentale Übung zur Erweiterung des Horizontes, als einen unverzichtbaren Teil des spirituellen Weges. Ich bin davon überzeugt, dass die moderne Informationstechnologie mit ihren technischen Spielereien und mannigfaltigen Möglichkeiten, Wissen zu speichern und für jeden Menschen zugänglich zu machen, zum Lernen der Menschheit Entscheidendes beizutragen hat. Doch wird sie den Lerneffekt eines klassischen Buches nie ersetzen können, das die ausgeglichene Einheit der Nutzung unterschiedlicher Reize ist. Diese Reize öffnen den Verstand und fördern die wache Aufnahme von Wissen. Darum: Lest mehr Bücher!

Ich begann, die Bibel näher zu studieren, aber auch die Lehren des Konfuzius und des Buddha sowie die Schriften der Antike, besonders Römer und Griechen, aber auch die mesopotamisch-babylonische, akkadische und assyrische Überlieferung, die man kennen sollte, um die Mythologie der Bibel zu verstehen. Ansonsten erhoffte ich durch den Kontakt mit den Verstorbenen weitere Antworten. Doch konnten sie sie geben?

Es war naheliegend, sich mit dem Totenreich zu befassen, da wir uns spürbar in einem sterbenden System, der DDR, befanden. Und so, wie nach dem Absterben des Leibes etwas von einem Menschen erhalten bleibt, so ist dies auch bei absterbenden Systemen. Zumal man darauf achten sollte, dass sich das Tote nicht gegen die Lebenden erhebt und zum Wiedergänger wird. Und was bereits tot ist, kann nicht noch mal sterben. Nur wiedergeboren werden.

Der letzte Montag im September 1989: Die Klasse war in Schkeuditz zum Unterricht, und sehr zu unserem allgemeinen Missfallen kam die Ansage unseres Schuldirektors, dass wir nach dem Unterricht nicht direkt nach Hause fahren, sondern erst noch in der Schule vorbeischauen sollten. Als wir nach dem Unterricht also in Lützschena ankamen, erwartete uns der Direktor bereits, wir kamen in einen Klassenraum, in dem auch Genosse Oberst Seyfert saß. Soweit ich mich erinnere, war dieser nur anwesend und hielt sich ansonsten zurück. Unser Schuldirektor ergriff das Wort und gemahnte uns eindringlich, an diesem Abend nicht in die Innenstadt von Leipzig zu fahren, ohne darauf einzugehen, was dort Schreckliches zu erwarten sei. Er sagte auch nicht, was passieren würde, wenn wir es doch täten. Und wir sollten diesbezüglich auch auf unsere Eltern Einfluss nehmen. Der Direktor erreichte mit seiner Ansage aber eher das Gegenteil. Er weckte die schlafenden Hunde. Zu Hause angekommen gab es abends kein Halten mehr. Von jetzt an wurde es zur Tradition, montags auf die Straße zu gehen und sich dann zum späten Abendbrot und Gedankenaustausch in der Dorfkneipe zu treffen. Selbst unter möglicher Gefahr für Leib und Leben standen die Menschen auf und versammelten sich zu Abertausenden. Es war wie ein innerer Drang, ein Zwang, wir konnten nicht anders. Es war faszinierend, die Ohnmacht der Mächtigen zu erleben, wenn eine gemeinsame Idee die Massen auf die Straße treibt. Dieses Ereignis beweist, dass ein Wandel mit friedlichen Mitteln möglich ist. Die Wende in der DDR kann uns als Prototyp gelten für eine nachhaltige Gesellschaftsveränderung, wie sie weltweit auch mit dem neuen Zeitalter anbrechen wird. Sie ist aber ebenso Mahnung, was in solch einem Prozess schieflaufen kann.

Trotz des offensichtlichen Verfalls des Systems schienen die Menschen jedoch nicht aufzuwachen. Einerseits waren die Lebenden zu lange gelähmt, um jetzt ein neues, lebendiges System hervorzubringen. Andrerseits tauschte man letztlich nur die äußere Form aus, der tonangebende Inhalt des Egoismus blieb bestehen. Das Gift wurde nur von der alten volkseigenen Ostverpackung in eine schöne neue Flasche aus dem Westen gegossen, doch gärte es weiter, und diese Bombe sollte später noch hochgehen. Für eine wirkliche Veränderung waren die Lebenden nicht bereit. Sie wollten, dass sich etwas änderte, ohne sich zu ändern, und das funktioniert in den meisten Fällen nicht. Insgesamt war die Wende beeindruckend, aber eine vertane Chance.

Wenn nun also die Lebenden nicht die notwendige Veränderung einzuleiten vermochten, wie sah es denn mit den Toten aus? Mir war klar, dass der Tod nicht das Ende war, hatte ich doch schließlich selbst schon in seinen Armen geruht und war zurückgekehrt. Doch konnten die Toten eine Hilfe sein, uns Lebende zu erleuchten und den Weg in eine Neue Zeit zu weisen?

Mit dem Ouija-Brett hatte ich bereits erste Bekanntschaft gemacht, wenn auch in anderem Zusammenhang. Auf einem Ouija-Brett befinden sich die Zhalen von 0 bis 9, Buchstaben und die Worte »Ja«, »Nein«, »Vielleicht«, »Hallo«, »Auf Wiedersehen«. Eine Planchette, das ist ein kleiner beweglicher Zeiger, wird in die Mitte gelegt. Damit kann man Geister rufen oder unbewusste Inhalte sichtbar machen. Für Letzteres hatte auch meine Psychologin das Brett gebraucht, bei der ich auch Autogenes Training lernte. Gläserrücken ist dem ähnlich, nur dass hier anstelle der Planchette ein Glas verwendet wird. Nun kamen noch das Pendel und Tonbandaufzeichnungen uvm. hinzu. Und ich lernte eine Frau kennen, die heimlich in Leipzig das Kartenlegen und Handlinienlesen praktizierte und mich lehrte.

Kraftorte der Toten

Ein Ereignis aus dieser Frühzeit meiner spirituellen Entwicklung ist mir gut im Gedächtnis geblieben. Da ich mich weiter mit dem Tod und dem Danach auseinandersetzte, zog es mich magisch an die Orte des Todes, sprich die Friedhöfe. Ein Friedhof ist wie ein Kraftort der Toten, an dem wir ihnen und sie uns nahe sein können. Totenstätten sind Begegnungsstätten, auf welchen wir einen Aspekt unserer Beziehung zur Ewigkeit leben.

Als ich wieder einmal am Lützschenaer Friedhof vorbei nach Hause lief, fühlte ich mich von einem Grab wie magisch angezogen. Der Friedhof war zu dieser Zeit immer geöffnet. Ich betrat ihn also und stellte fest, dass das Grab einem jungen Mädchen gehörte, das vor knapp einem Jahr verstorben war. Ich spürte Wut und Unfrieden. Also entschloss ich mich, der Sache auf den Grund zu gehen. Damals war ich noch der Überzeugung, der Kontakt zum Totenreich wäre nur nachts möglich. Also traf ich mich mit einigen Freunden zur Seance und zitierte den Geist des Mädchens herbei. Die Geister der Verstorbenen sollten normalerweise nicht beschworen werden. Nur wenn sie sich von sich aus melden, dürfen wir den Kontakt suchen, ansonsten sollten wir sie im Frieden belassen oder in der Hölle, je nachdem, welchen Weg sie sich im Leben wählten. In diesem Fall hatte das Mädchen aber den Kontakt zu mir gesucht. Wir versuchten, mit dem Gläserrücken Informationen zu erhalten, der Erfolg aber war mäßig. Während der Seance hatten wir aber ein Tonband mitlaufen lassen. Und als wir das Band danach abhörten, war relativ zu Beginn deutlich etwas zu hören. Am Anfang hörten wir nur das Grundrauschen und leise unsere Stimmen im Hintergrund. Dann folgte ein Knacken, und das Rauschen ließ deutlich nach, auch unsere Stimmen waren plötzlich nicht mehr zu hören, als hätte man das Gerät in einen anderen Raum getragen. Dann hörten wir zweimal deutlich, erst laut, dann noch mal leiser: »Hilfe, Hilfe«. Danach wieder ein Knacken, das Rauschen nahm zu, und unsere Stimmen waren wieder im Hintergrund zu hören. Das waren die ersten Tonbandstimmen in dieser Deutlichkeit. Ehrlich gesagt war ich der Einzige, der entspannt mit der Situation umging. Den anderen war der Schreck in die Glieder gefahren, und sie waren bemüht, eine »natürliche« Erklärung für das Phänomen zu finden. Anzunehmen, ein Geist hätte uns auf Band gesprochen, ist in meinem Weltbild aber eine vollkommen natürliche Erklärung.

Meine Recherchen ergaben, dass das Mädchen wohl Opfer eines gewalttätigen Vaters geworden war. Im Tode, erst recht, wenn dieser gewaltsam erfolgt, hat man allerdings keine Möglichkeit, ein Trauma aufzuarbeiten. Es mitzunehmen in die Ewigkeit schließt sich auch aus, denn das wäre die Hölle, und die hatte das unschuldige Mädel nicht verdient. So war ihr der Weg nach oben aufgrund der emotionalen Last verschlossen, der Weg nach unten blieb wegen erwiesener Unschuld zu. Sie war also klassisch im Zwischenreich gefangen.

Meine Fähigkeiten, den Körper verlassen zu können und zu reisen, ermöglichten mir, direkt Kontakt aufzunehmen. Unsere »Treffen« taten auch ihr gut, weil ich erklären konnte, was hier mit ihr geschah. Ich erfuhr, warum sie um Hilfe gerufen hatte: Sie war allein und gefangen im dunklen Raum des Totenreiches, doch nun war auch ihr Vater verstorben und sein Geist auf der Suche nach ihr. Ihr blieb nur die Möglichkeit, sich in Dunkelheit zu hüllen und zu verstecken, Flucht war ausgeschlossen.

Da ich mir aus Unerfahrenheit nicht anders zu helfen wusste, verabredete ich mich mit ein paar Freunden zu einer nächsten Sitzung auf dem Friedhof. Es war Winter, und überall lag Schnee, wodurch selbst in der Dunkelheit der Nacht durch die Reflektion des Restlichtes alles noch gut zu erkennen war. Irgendwie wollte ich dem Mädchen den Durchgang zu einer höheren Dimension ermöglichen, wohin der Geist ihres Vaters nicht folgen konnte. Wir entzündeten Kerzen als Friedenssymbol auf dem Grab, und ich versuchte, einen Kontakt herzustellen. Irgendwie gelang es mir nicht, die Kleine ins Licht zu locken, sie bekam Angst, dass sie auf dem Weg zum Licht sichtbar und von ihrem Vater abgefangen werden würde. Also rief ich meinen alten Freund, den Tod, um Hilfe an. Und er sagte: »Ist der Pfad nach Oben nicht zu begehen, öffne ich den Pfad nach Unten!« Kurz darauf polterte und krachte es in der Kapelle, schließlich ertönte ein dumpfer Schlag, und wir spürten eine leichte Erschütterung des Bodens, dann war es still. Durch diese Geräusche schreckten wir alle auf. Nun war ich gezwungen, mehrdimensional zu arbeiten. Ich redete also einerseits beruhigend auf meine Freunde ein, um zu verhindern, dass durch deren Panik die Verbindung zu dem Mädchen gelöst würde. Um sie selbst auf der anderen Seite betreuen zu können, entglitt ich mit dem Astralleib meinem Körper. Dies war eine vollkommen neue Erfahrung, wach und bewusst in dieser und gleichzeitig der anderen Welt zu arbeiten. In der Anderswelt sah ich, wie unter der Kapelle dunkelrot glühend das Siegel des Höllentores mehr und mehr verschwand. Vom tyrannischen Vater war nichts mehr zu spüren. Ich schnappte mir das Mädchen und schaffte sie so weit ins Licht, wie ich konnte und der Todesengel es erlaubte. Sie war frei!

Erst Tage später erfuhr ich, was hinter dem Krach in der Kapelle steckte. Der Leichnam des Vaters war dort für die Beerdigung am nächsten Tag aufgebahrt. Sein Grab war bereits ausgehoben gewesen, wir hatten es sogar gesehen, aber eben nicht gewusst, um wessen letzte Ruhestätte es sich handelte. Als die Kapelle am nächsten Tag geöffnet wurde, waren wohl Schränke geöffnet, einige Dinge herausgefallen und der Leichnam lag am Boden. Es fehlte jedoch nichts, alle Türen, Fenster und Schlösser am Gebäude waren unversehrt. Da nichts gestohlen war, wurde das Ereignis nicht weiter verfolgt.

Ich experimentierte damals viel mit den Toten. Man braucht Geduld, von zehn Versuchen der Kontaktaufnahme klappt vielleicht einer. Ich war fasziniert von ihrer Seinsmöglichkeit ohne Körper, doch merkte ich schnell, dass von ihnen keine Hilfe oder neues Wissen zu erwarten war. Auch bekamen sie keinen Einblick in tiefere Wahrheiten, die sie sich nicht im Leben bereits erschlossen hätten, und meist benötigen sie eher die Hilfe der Lebenden, als dass sie ihnen Hilfestellung geben konnten. Nach dem Tod gibt es keinen willentlichen Einfluss mehr, kein Lernen und Erleben, keine Entwicklung, denn dazu dient einzig das Leben. Darum bringt auch die Totenbeschwörung

nichts, man sollte den Toten ihren Frieden lassen, und Se-
ancen sind meist Ausdruck egoistischer Wünsche der Lebenden. Die Lebenden sollten dem Leben dienen und nicht
die Toten. Nur wenn sie uns um Hilfe bitten und wir dazu
befähigt sind, sollten wir Umgang mit ihnen pflegen. Ansonsten genügt liebevolles Gedenken.

Glauben und Handeln sind eins

Wenig später sollte ich bereits die Schule verlassen, mein
Studium in Potsdam aufnehmen, die DDR war Geschich-
te. Doch möchte ich hier noch mal einen Schritt in der
Zeit zurück machen und berichten, wie es zu all dem kam.
Denn in der DDR war man nicht frei, eine berufliche
Laufbahn zu wählen. Dafür gab es die staatlich gelenkten
Berufsberatungszentren, kurz BBZ. Diese hatten zur Auf-
gabe, das Angebot an Ausbildungsberufen und Studien-
gängen nach Parteibuch zu verteilen. Aufgrund meiner
Interessen antwortete ich auf die Frage meiner späteren
Laufbahn, dass ich gerne Philosophie und Psychologie
studieren wolle. Antwort des BBZ: »Bei Philosophie haben Sie die Wahl zwischen »Marxismus-Leninismus« oder
»Kritik an der bürgerlichen Philosophie«, und Psychologie ist ausgeschlossen, weil Sie eine nicht genügend gefes-
tigte sozialistische Persönlichkeit sind. Wir schlagen Ihnen
vor, werden Sie doch Kupferschmied, oder wie wäre es mit
dem Studium der Archivwissenschaften und Geschichte?«
Da mich das klassische Handwerk faszinierte, welches
im Übrigen in der Neuen Zeit eine Blüte erleben wird,

schaute ich mir einen Betrieb in Böhlitz-Ehrenberg an, auch wenn eine Ausbildung aufgrund einer Wirbelsäulenverkrümmung nicht wirklich zur Debatte stand. Da mich Geschichte ebenfalls schon immer interessierte, was das Studium dieses Fachs beschlossene Sache. Allerdings wurden in der DDR nur zehn Bewerber zugelassen. Ich bewarb mich über das Staatsarchiv Leipzig und bekam den Studienplatz. Auf das Studium möchte ich gar nicht näher eingehen. Für meine Bewusstseinsentwicklung viel wesentlicher waren die folgenden drei Umstände: Erstens war der Hausmeister unseres Studentenwohnheims spirituell interessiert, befasste sich mit dem Spiritismus, außerdem war er Imker und lehrte mich einiges über die Bienen, die Heilkraft des Honigs und die Herstellung von Kerzen. Zweitens fuhren praktisch alle Studenten übers Wochenende nach Hause, so hatte ich Ruhe, Zeit und das gesamte Wohnheim für mich und meine Übungen. Durch die Nähe zu Berlin und die nun offene Grenze zog es mich drittens förmlich magisch nach Schöneberg in die Motzstraße 30 zur Buchhandlung von Richard Schikowski, eine Instanz und einer der ältesten okkulten Verlage. Außerdem lebte Rudolf Steiner einige Zeit in diesem Haus.

Der Laden verdient eine nähere Beschreibung. Er hatte nicht nur ein eigenes Verlagsprogramm im Angebot, sondern war auch die Schnittstelle für antiquarische Literatur zum Thema Spiritualität. Betrat man den Laden, so befand man sich zuerst in einem ungefähr quadratischen, großen Verkaufsbereich. Rundherum waren die Wände mit alten, dunklen Holzregalen verkleidet, in denen sich die Bücher bis unter die Decke stapelten. In der Mitte stand ein großer Tisch mit den Sonderangeboten. Gegenüber vom Eingang war ein Durchgang, bei dem auch die Kasse stand. Hier bewachte Herr Schikowski persönlich oder einer seiner Mitarbeiter wie der klassische Drache seinen Schatz den Zugang zum hinteren Bereich. Denn im vorderen Bereich fanden sich nur die Werke für die Anfänger. Direkt hinter dem offiziellen Ladenbereich erstreckte sich ein Raum, der ungefähr doppelt so groß war, und hier fanden sich die wirklich seltenen und wertvollen Bücher! Diesen privaten Bereich durften aber nur Personen betreten, zu denen Herr Schikowski ein absolutes Vertrauensverhältnis hatte. Kannte er einen noch nicht so gut und entschied trotzdem, ein Buch aus dem hinteren Bereich zu zeigen, so wurde es regelrecht zelebriert, dieses Buch aus dem geheimen Bereich nach vorne zu bringen und es mit den wärmsten Worten anzupreisen. Die meisten würden das für eine Verkaufsmasche halten, ich kann aber sagen, das war es nicht. Ich habe mehrfach erlebt, wie besonders schwarzmagisch interessierte Personen regelrecht von ihm abgewimmelt wurden und gar nichts verkauft bekamen. Wenn er also ein Buch von hinten holte, so geschah dies aus der tatsächlichen Überzeugung heraus, dass derjenige eben dieses Buch brauchte. Und ich kann nur sagen, alle Bücher, die auf diese Art zu mir kamen, waren wegweisend für mich.

Mit diesem sagenumwobenen Raum aber nicht genug. Von ihm ging eine Wendeltreppe nach unten in die Kellerräume, welche bevorzugt für die magische Praxis genutzt wurden, der Treffpunkt des geheimen Deutschlands jener Epoche!

Der Laden gab mir aber noch etwas: meine erste Begegnung mit einem verwirklichten spirituellen Meister. Ich hatte bis dahin Leute mit bestimmten Fertigkeiten getroffen, die mich etwas lehren konnten, beispielsweise Kartenlegen, das Lesen der Handlinien oder die Totenbeschwörung. Andere Fähigkeiten bildete ich mithilfe geistiger Wesenheiten oder durch die Umstände angestoßen von selbst aus. Aber menschliche Meister und Lehrer begegneten mir nur wenige. In unserem Feld der Aufrührung, der Irrung, Wirrung, der aggressiven Provokation und Lüge fallen jene Menschen auf, die den Frieden mit sich und der Welt verwirklicht haben. Wie stabile Inseln in einem vom Sturm aufgepeitschten Ozean. Es ist ein Zeichen der Demut, wenn der Meister auf Augenhöhe mit dir kommuniziert, aber es ist ein Zeichen der Arroganz, wenn der Schüler dies tut. Das ist ungefähr so sinnvoll, wie sich als absoluter Beginner Siegchancen auszurechnen, wenn man gegen den amtierenden Weltmeister im Boxen in den Ring steigt. Lässt man sich darauf ein, wird sich die Wahrheit schon zeigen. Und genau diese Wahrheit über uns selbst ist es, was ein Meister uns schenken kann. Die Frage ist jedoch, ob du für diese Wahrheit bereit bist? Wer keine Sehnsucht nach der ewigen Wahrheit kennt, wird die Wahrheit über sich nicht hören wollen. Und wer nicht hören will, wird die Wahrheit in der Gegenwart des Meisters schmerzhaft zu spüren bekommen. Dies jedoch ist kein Schmerz, den der Meister dir zufügt, du spürst lediglich, was du täglich produzierst, dir wird nur der Schmerz reflektiert, der von dir ausgeht. Die meisten Menschen neigen in diesem Fall zu einer der folgenden beiden Verhaltensvarianten:

Entweder sie ziehen sich zurück, natürlich nicht ohne Rachegelüste, oder sie greifen an. Aber in beiden Fällen ist die Grundlage jene irrige Annahme, der Meister wäre der Angreifer. Der wahre Meister ist nur ein Botschafter des Universums. Er kann nichts dafür, wenn du gegen dich und das Universum Krieg führst. Ist er verantwortungsvoll, wird er nicht zulassen, dass du wie gewohnt deinen Schmerz veräußerst und andere verletzt. Er wird dich nicht verletzen, aber er macht die verdrängten Verletzungen sichtbar, die, weil du nicht hinsehen willst, sich umso heftiger in deiner Umwelt mittels Zerstörung und Schmerz zeigen. Ein wahrer Meister will dich nicht brechen, er wünscht, dass du freiwillig aufbrichst, den spirituellen Weg zu gehen.

Und wer dieses brennende Verlangen, die alte Welt hinter sich lassen und eine vollkommen neue betreten zu wollen, nicht in sich fühlt, braucht mit Spiritualität gar nicht anzufangen. Das würde manchen Ärger ersparen, der durch Hass auf die Wahrheit bei gleichzeitiger Profilierung des Egos mittels Scheinspiritualität entsteht. Leider besteht ein Großteil der esoterischen Szene aus Anhängern dieser Egoterik.

Ein wahrer Meister empfängt dich in Liebe. Aber bilde dir darauf nichts ein, denn er ist allem in Liebe verbunden. Fühlst du dich dann hin und her geworfen, himmelhochjauchzend und zu Tode betrübt, ist das eine Auswirkung des Egos, deines Wankens. Ausgelöst wird dies dadurch, dass der Meister unbeirrt die Wahrheit repräsentiert. Nur du allein entscheidest dich, unterschiedlich mit der Wahrheit umzugehen. Hast du dich im Sinne des Ganzen wohl verhalten, wird der Meister dir diese Wahrheit spiegeln, und du fühlst dich gut und nimmst sie gerne an. War dein Verhalten jedoch schädlich dem Ganzen gegenüber, wird der Meister dir diese Wahrheit genauso klar spiegeln, doch nun lehnst du die Wahrheit ab und fühlst dich schlecht. Wahrlich, dein Wanken und Schwanken endet erst, wenn jede Wahrheit dir gleich freudvoll willkommen ist. Denn Spiritualität ist die Suche nach und das Ausrichten an der Wahrheit! Und die Realität bleibt immer die gleiche, ob sie dir nun gefällt oder nicht. Es ist, was es ist. Wer für sich nur seine Wahrheit gelten lässt, lebt im Land der Lüge. Erst wenn du bereit bist, dies zu akzeptieren, und dann alles daransetzt, diesen destruktiven Bereich zu verlassen, erst dann gehst du den ersten Schritt. Bestehst du weiter auf deinem Weg und verteidigst das Ego, bleibt dir der Weg des Himmels verschlossen. Gib dein Leben auf, und du gewinnst ewige Lebendigkeit.

Ich erwähne dies, weil solche Konflikte häufig durch das Ego geschürt werden, wenn wir mit einem Menschen konfrontiert werden, der sein Ego beherrscht, statt sich von seinem Ego beherrschen zu lassen. Solange ein Mensch noch vom Ego beherrscht ist, verteidigt das Ego »seinen« Raum. Betritt ein Mensch die Szenerie, der sich nicht vom Ego beherrschen lässt, sondern sein Ego beherrscht, fühlt sich das Ego bedroht. Es fürchtet den drohenden Machtverlust und beginnt nun, den Erleuchteten und die Spiritualität zu attackieren und bekämpfen. Der Meister ist gefühlte Bedrohung und Projektionsfläche für alle Idealvorstellungen und Schuldzuweisungen zugleich.

Ich erinnere mich an jenen schicksalsträchtigen Tag, ich betrat wie gewohnt unauffällig den Laden. Die Türglocke läutete zwar, aber der junge Mann an der Kasse war so sehr in sein Gespräch mit einem Kunden im hinteren Teil vertieft, dass er mich nicht wahrnahm. Kein Problem, dachte ich bei mir, so kann ich in aller Ruhe stöbern. Ich stellte mich links an das Regal und begann die dort stehenden Titel zu studieren. Unwillkürlich bekam ich aber nun auch Brocken jenes Gesprächs mit, das zwischen Kasse und hinterem Raum geführt wurde. Der Herr im hinteren Raum sprach mit leichtem österreichischen Akzent und einer hervorragend gestützten Baritonstimme, der Ton seiner Stimme beherrschte jeden Winkel des Raumes. Wie ich später erfuhr, hatte der Herr eine Ausbildung zum Theaterschauspieler gemacht. Thematisch ging es im Gespräch der beiden um den Unterschied zwischen der Lehre Jesu und dem christlichen Glauben in Hinblick auf die Tat des Menschen. Kurz gesagt lehrt Paulus den Vorrang des Glaubens vor der Tat. Also getreu dem Motto: Du kannst tun und lassen, was du willst, glaubst du nur an Jesus, dann wird dir alles vergeben und du kommst in den Himmel. Diese Vorstellung repräsentiert auch die Kirche. Demgegenüber lehrte Jesus, dass Gott die Menschen nach ihren Taten richtet, demzufolge müsste man der Tat den Vorrang vor dem Glauben einräumen. Würde die Kirche diese Einstellung leben, so referierte der Herr im hinteren Raum weiter, sie hätte sich nie derart gegen Gott versündigt wie zum Beispiel mit den Hexenverbrennungen. Der Mann an der Kasse nickte.

Völlig in Gedanken hörte ich mich plötzlich sagen: »Keinem von beiden gebührt Vorrang, weil beide das Gleiche sind!« Der Herr an der Kasse fuhr erschrocken herum, er hatte ja überhaupt nicht mitbekommen, dass ich ebenfalls im Laden war. Er atmete tief ein, um etwas zu sagen, da erschien ein riesiger Charakterschädel schräg im Türrahmen, er musterte mich und fragte: »Wie meinen Sie das?« Der Mann an der Kasse schluckte seine Worte herunter, die Frage des Meisters akzeptierend heftete er nun sein Augenpaar ebenso lauernd auf mich. Ich klappte das Buch, welches ich noch in Händen hielt, zu und stellte es zurück ins Regal. »Nun, Glauben und Handeln sind eins«, sagte ich, »der Mensch handelt, wie er glaubt. Und er wäre klug, würde er nur dem glauben, wie er handelt. Denn nur in seinem Werk erkennt der Mensch sein wahres Wesen. Doch ist sein Werk nur materialisierter Glauben. Wer nicht tut, glaubt auch nicht, und wer nicht glaubt, tut auch nicht. Daher hat keines einen Vorrang, weil das eine nur Name des Dings im Innen ist, das andere ist der Name für das gleiche Ding, wie es sich im Außen manifestiert, um sich zu betrachten. Was im Herzen eines Menschen ist, spiegeln seine Werke, und was man in seinen Werken sieht, das trägt er im Herzen.«

Karl Spiesberger

Die Reaktionen hierauf konnten nicht unterschiedlicher ausfallen. Während dem Kassierer darüber die Gesichtszüge entglitten, wie ich die Chuzpe haben konnte, dem Meister zu widersprechen, grinste dieser breit, dankbar, auf ein Defizit seines Denkens hingewiesen worden zu sein. Nun kam der Herr nach vorne und stellte sich mir als Karl

Spiesberger vor. Er war der ideale Vater und Großvater in einer Person. Ich habe selten einen so offenherzigen, liebevollen und menschlich edlen Charakter getroffen. Eine seiner Grundsatzdefinitionen lautete: »Spiritualität ist Charakterveredelung.« Er sagte: »Entschlossenheit führt zur Tat. Tat werden, darauf kommt's an! Entschlossen enden wir das alte Leben und erschließen uns das neue! Vielleicht kann ich dir helfen, so sage mir, mein Freund, was begehrst du, was suchst du, welches ist dein tiefstes Sehnen?« Ohne zu zögern antwortete ich: »Eine neue Welt, in der der Mensch ein Freund ist dem Menschen wie der Erde gegenüber!« Mit dieser Antwort hatte er nicht gerechnet, doch schien sie ihn zu erfreuen. »Nun«, sprach er, »dann haben wir ein gemeinsames Ziel. Lass uns also sorgen, dass du Anteil nimmst am neuen Äon und tun kannst, was die Vorsehung verlangt. Doch erlaube vorher, dass ich deine Entschlossenheit einer Prüfung unterziehe?« Ich nickte zaghaft, da hielt er plötzlich wie aus dem Nichts einen großen, alten Haustürschlüssel in der rechten Hand. Er streckte die Hand mit der Handinnenfläche nach oben aus und legte den Schlüssel quer darüber. Die linke Hand führte er nun langsam fühlend und tastend vor meinem Körper von oben nach unten. Und wie von Geisterhand bewegt drehte sich der Schlüssel in seiner Hand dabei in die eine oder andere Richtung. Am Ende seiner Analyse sagte er: »Du sagst die Wahrheit, das ist gut. Was man dir antat, ist nicht gut. Völlige Loslösung ist oberste Priorität, sie ist der Schlüssel, um das Tor zur alten Welt abzuschließen, sie ist der Schlüssel, der das Seelentor im Herzen zu öffnen vermag. Denn trotz aller Entschlossenheit bist du vom Herzen her verschlossen. Und Entschlossenheit sollte immer mit Aufgeschlossenheit im Herzen einhergehen, sonst gerät sie entweder zu einer Diktatur des Falschen oder zu einer Farce, und beides ist nicht erstrebenswert. Du suchst dich mit Verschlossenheit zu schützen, doch nur in der Tiefe der Seele liegt Hilfe, und deine größte Ausstrahlung der Liebe ist dein höchster Schutz.«

Wir verabredeten uns für eines der kommenden Wochenenden. Obwohl es streng genommen gar nicht viel Zeit war, die wir miteinander verbrachten, war diese unheimlich ergiebig und intensiv. Von ihm lernte ich alles über den bevorstehenden Gesellschaftswandel. Er brachte mir bei, dass man für alles nur den richtigen Schlüssel braucht – um Verbindungen zu schließen und zu öffnen. Das hilft, Realität zu steuern. Allerdings darf dieses Wissen nicht für eigennützige Zwecke missbraucht werden, denn dadurch wird es zur schwarzen Magie. So war die Einführung in die Ethik der Magie die wohl wichtigste Grundlage, die er mir vermittelte.

An unserem ersten Wochenende brachte er mir alles bei, was er über das Pendeln, bewegte Tische, Levitation wusste. Da ich Erfahrung auf diesem Gebiet hatte, brauchten wir dafür nicht allzu viel Zeit. Und er führte mich in die Runenlehren ein. Das nächste Wochenende ging es vornehmlich um Spiegel- und Spaltungsmagie sowie Naturgeister, danach folgten Elementar-, Engel- und Planetenmagie. Jedes Wochenende kamen zusätzliche Atem- und Körperübungen hinzu. Damit hatte ich eine gute Basis und eine Fülle neuer Inspirationen, die mich noch Jahre beschäftigten und für Aha-Effekte sorgen sollten.

Bei unserem vierten Treffen, am achten Tag meiner Ausbildung, Karl Spiesberger war gerade 88 Jahre alt geworden, unterwies er mich in praktischen Ritualen, ägyptischen Mysterien und gab mir die Einweihung in die Heilige Acht. Die Acht spielte schon immer eine besondere Rolle in meinem Dasein, davon habe ich ja auch zuvor schon erzählt. Feierlich musste ich schwören, Zeit meines Lebens an meiner Vervollkommnung zu arbeiten und ein Werkmeister zu sein beim Bau des großen Tempels der Menschheit, stets meinen Charakter zu veredeln und mitzuarbeiten am Großen Werk. Ich hatte während dieses Treffens das Gefühl, dass er mir ein Vermächtnis mitgab. »Vielleicht gelingt mit deiner Hilfe, was uns noch nicht vergönnt war!«

Und tatsächlich war es ein heiliges Erbe, welches ich annahm, denn zu einem nächsten Treffen sollte es nicht mehr kommen. Am 24. Januar 1992 löste Meister Spiesberger alle Bindung zum Vergänglichen und ging in die Ewigkeit ein. Wahrscheinlich ahnte er, dass uns nicht mehr viel Zeit blieb. Ich aber war geschockt, als ich eines Tages in den Laden kam und von seinem Tod erfuhr. Man kann den Tod noch so sehr zum Freund haben, der Trauer entgeht man nicht. Es fällt aber leichter, auf dieser Ebene Servus zu sagen, wenn man auf der höheren Ebene verbunden bleibt. Spiesbergers letzten Willen, die Heilung der Welt, möchte ich mit euch allen teilen: »Von einem entwurzelten Geschlecht, das die Erde schändet, schrieb ich einleitend vor einem Vierteljahrhundert. Und heute? Was hat sich seither zum Positiven gewendet? Was ist besser geworden inzwischen? Wo sind Anzeichen einer Umkehr, einer Selbstbesinnung? Sind die Mächtigen, die Einflußreichen verantwortungsbewußter geworden?

Fragen, die wie Hohn klingen. Mehr denn je diktiert die diabolische Dreiheit: Herrschsucht, Habgier, Grausamkeit weltenweit. Tagaus, tagein erleben wir mit Entsetzen, wie Unverstand und Profitgier gewissenlos Luft und Wasser verseuchen, den Boden vergiften, Wälder und Tiere sterben lassen. Umweltkatastrophen gefährden das ganze Erdenrund. Abertausend hungern und verhungern in Dürregebieten. Am schlimmsten betroffen sind Säuglinge und Kleinkinder. Eine Überbevölkerung verheerenden Ausmaßes greift um sich, wenn ihr nicht endlich Einhalt geboten wird; anstatt weiter wirklichkeitsfremd, dogmentreu mit Höllenstrafen drohend, eine vernünftigere Bevölkerungspolitik weltweit zu torpedieren.

Dann diejenigen, denen die Heiligkeit des Lebens keinen Pfifferling gilt. Unersetzliche Werte verschleudernd, arbeiten sie an der Vernichtung der Menschheit, wenn nicht gar an der des ganzen Planeten.« *(Karl Spiesberger: Macht und Einfluss der unsichtbaren Helfer, Vorwort der 6. Auflage, Verlag Richard Schikowski, Berlin 1986)*

Das kann einen schon pessimistisch stimmen, und wie Karl Spiesberger kommen wir heute, über 30 Jahre nachdem er diese Worte schrieb, zu dem Ergebnis, dass sich nach wie vor nicht viel getan hat. Immer noch findet derselbe Tanz ums goldene Kalb statt, immer noch und vielleicht sogar noch mehr bestimmt Gewinnsucht politische Entscheidungen, die Umwelt wird trotz des Klimawandels weiter verpestet, Plastikmüll bildet im Meer schon eigene Kontinente, und was uns als Lebensmittel zugemutet wird, spottet jeder Beschreibung. Daneben das Heer antilebendiger »Spiritualität«, esotöricht und egoterisch, das in vollkommener Verblendung weiter nur für sich und die Erfüllung eigener Wünsche wirkt. So werden die Ausbeutung und das Schmarotzertum noch mit wohlklingenden Phrasen aus dem spirituellen Klingelbeutel ihrer Egos auf die Spitze getrieben. Doch sagt Spiesberger an anderer Stelle auch Folgendes, und darin stimmen die meisten Eingeweihten überein: »Wieder steht die Menschheit an einem großen Wendepunkt. Ein neuer Kampf der Titanen um die Herrschaft der Erde hat begonnen. Zwei Weltzeitalter ringen um ihren Bestand. Auf der einen Seite das Zeitalter der Fische mählich verschwimmend im Dunkel dahinrasender Zeit, auf der anderen der Äon des Wassermanns heraufglutend im Schimmer kosmischer Morgenröte.

Brandend toben die Gegensätze! ... Der aufdämmernde Weltenmonat schafft hier Wandel, bringt die ersehnte Klärung. Das Weltbild, dem er seinen Stempel aufdrückt, ist weder ein konfessionell-gebundenes, noch ein seelenlos-materialistisches, sondern eine – wie einst in verklungener grauer Vorzeit – kosmische Weltschau, ein Natur-, ein Gottverbundensein« *(Karl Spiesberger: Magische Einweihung, Vorwort, Verlag Richard Schikowski, Berlin 1976)*.

Folgendes möchte ich mit diesen Zitaten noch mal klar ins Gewahrsein rufen: Nichts ist, wie es scheint. Und trotz aller Uneinsichtigkeit und Sturheit der Menschheit kommt das Neue Zeitalter, dessen wichtigstes Merkmal ein langanhaltender, weltweiter Frieden ist. Diese Zeit kann sich auf zwei mögliche Weisen manifestieren. Variante eins: Wir kommen zur Besinnung, enden unsere persönlichen Konflikte, kommen so selbst zu innerem Frieden, und was dann aus uns herauswächst, kann daher selbst nur Frieden erschaffen. Diese Variante beendet den äußeren Konflikt auf und mit dem Planeten durch eine Hinwendung an ein liebend-friedliches Bewusstsein. Ein kollektives Bewusstsein des Friedens beginnt mit dem Umdenken des Einzelnen. Und auch, wenn das jedes Menschen Pflicht ist, sein Leben in Harmonie zur Welt zu gestalten, für einen spirituellen Menschen sollte es eine Selbstverständlichkeit sein. In der zweiten Variante wird die Menschheit durch Krankheiten, Klimawandel und Krieg so dezimiert, dass eine weitere Fortsetzung des Krieges unmöglich wird und so die prophezeiten tausend Friedensjahre erreicht werden. Ich will keine Angst verbreiten, dennoch, im Moment ist die letztere Variante die, der wir direkt entgegensteuern. Wir sollten also mittels Charakterveredelung uns selbst so erziehen, wie man es von einem erwachten Menschen der Neuen Zeit erwarten würde. Ergebt euch nicht der Angst, sondern geht auf im hoffnungsfrohen Erschaffen des neuen Menschen – Material und Werkzeug hierzu seid ihr selbst! Denn eines ist sicher: Egal ob Untergang oder Heilung des Planeten am Ende des Prozesses steht, wir sind es, die das Endprodukt erschaffen haben.

Dass Spiritualität nicht dem Eigenen und dem Ich, nicht der Mehrung des Besitzes, der eigenen körperlichen Gesundheit, dem Reichtum und der Wunscherfüllung oder sonstigen egoistischen Bestrebungen zu dienen hat, sondern vielmehr der spirituelle Mensch aufgerufen ist, dem

Wohl des Ganzen zu dienen, kann ich nur immer wieder betonen. In diesem Zusammenhang weise ich aber explizit darauf hin, dass der Zustand, in welchem sich unsere Welt befindet, jeden nach höherer Weisheit Strebenden in die Pflicht nimmt, auch politische, gesellschaftliche und soziale Verantwortung zu übernehmen. Denn eine der okkulten Wahrheiten ist, dass nichts und niemand nur an und für sich existiert, sondern alles existiert in innerer Verbundenheit. Darum ist die Liebe zum Leben der Schlüssel zum Lebendigen. Verschließt euch nicht, sondern seid nützlich und hilfreich gegen jedermann. Erweitert euer Bewusstsein, und im Lichte dieses neuen WIR retten wir die Schöpfung und ehren so den Schöpfer. Mit-Sein bedingt Mit-Machen, darum bringt euch ein, denn Glaube gebiert Tat. Und Tat schafft Tatsachen. Seien wir gemeinsam schöpferisch im Namen der Liebe. Wir bestimmen, wann die Neue Zeit beginnt, kein Gott, kein Herrscher, kein Reicher und Mächtiger wird es erschaffen oder verhindern können, wenn wir es wollen und verkörpern!

Abschließen möchte ich dieses Kapitel mit einer kleinen Anekdote, die zeigt, dass nichts sein kann, was von Oben nicht gewollt ist. Zum einen war es wohl der Vorsehung nicht genehm, dass ich zurückgezogen in einem Archiv-Magazin arbeite, auch wenn dies meinem Schutz- und Ruhebedürfnis entgegenkam. Ich entwickelte eine heftige Stauballergie, wodurch ich mich gezwungen sah, einen neuen Weg zu beschreiten. Kurz darauf klopfte das Schicksal in Form eines Musterungsbescheides an meine Tür. Wenn aber eines klar war, dann, dass die Armee sicher nicht mein Weg ist. Meine Chancen, ausgemustert zu werden, standen nicht so schlecht, da die Nationale Volksarmee der DDR abgewickelt war und so ein großes bürokratisches Durcheinander herrschte und zudem wenige Soldaten gebraucht wurden. Trotzdem, damals bestand Wehrpflicht. Voller Zuversicht kam ich pünktlich zum instruierten Termin und traute meinen Augen kaum, saß doch im Pförtnerhäuschen der Stasi-Oberst Seyfert. Er sah nicht hoch, war in eine Zeitung und den Genuss seines Morgenkaffees vertieft, als ich unvermittelt herantrat und zackig grüßte, gerade so, wie er es uns lehrte: »Guten Morgen, Genosse Oberst Seyfert!« Es fehlte nur noch, dass ich die Hacken zusammenschlug. Er erschrak, ließ fast die Kaffeetasse fallen und fragte verunsichert: »Wer sind Sie?« Ich klärte die Situation auf, und es ergab sich ein interessantes Gespräch, in dem er nicht nur die Maske des Offiziers zeigte, sondern sich als Mensch. Er erzählte mir, wie er als junger Mensch mit besten Absichten in das System hinein geriet. Wie er in gutem Glauben dienend immer mehr und mehr sein Innerstes korrumpierte. Wie ihm diese Situation die Lebenslust raubte und den Atem nahm. Den Zusammenbruch, sagte er, könne er nicht zuordnen, verlorene Heimat oder ersehnte Erlösung. Wir entschieden uns für die vergebende Erlösung. So zeigte sich, dass Vergebung der Weg ist, der uns zusammenbringt und die Gräben überwindet. Und nach eingehender Untersuchung der Ärzte schrieb man mich dienstuntauglich. Ich dankte Gott, dass mir dieser bittere Kelch des Wehrdienstes erspart blieb.

91

Der Lauf der Ewigkeit

Alles, was beginnt, findet sein zwangsläufiges Ende. Alles in unserer Welt hat einen Beginn und wird enden. Wir leben in einer vergänglichen Welt, wir sind selbst Vorübergehende. Alles besteht in stetigem Fluss des Werdens, des Daseins und des Vergehens. Einzig die Wandlung scheint ewig, doch was will sich noch verändern, wenn alles vergangen ist?

Etwas Fließendes kann man nicht halten, es zerrinnt uns zwischen den Fingern wie feinkörniger Sand. Weiser ist es, den Fluss zu unterstützen, statt ihn festhalten zu wollen. Wir sollten unsere Sinne abziehen von der Vergänglichkeit und auf die Unvergänglichkeit richten. Vor der Ewigkeit besteht nur, wer etwas Unvergängliches in sich genährt und groß hat werden lassen. Spirituell ist, was weder Anfang noch Ende hat. Alles andere sind nur vergängliche Abbilder unvergänglicher Wirklichkeit. Wirklichkeit ist das, was die Erscheinung in Raum und Zeit bewirkt.

Häufig ist das Neue nur das Andere, selten das Bessere, meist das Schlechtere. Festhalten führt zu Stillstand. Wer nicht loslässt und dennoch vorwärtsstrebt, dreht sich im Kreis.

Finde neue Erkenntnis

Auch sollte man sich nicht vom materiellen Schein trügen lassen. Nicht alles ist Gold, was glänzt. Andererseits gibt es im esoterischen Bereich wahres Gold zu entdecken. Die Persönlichkeit liebevoll zu entwickeln bedeutet, sein Potenzial zu entfalten. Es gibt für jedes spirituelle Durchgangstor, für jedes Hindernis und jede Lebensprüfung einen Schlüssel, der das Tor öffnet und Erkenntnis freisetzt. Wer ein Wissender sein will, muss erst ein Lernender werden. Wissen sucht Erklärungen, Lernen formt Entwicklungen. Werde leer, um zu lernen. Ein Schwamm, der bereits mit Wasser vollgesogen ist, kann keine neue Flüssigkeit aufnehmen. Eine Tasse, die randvoll ist, kann nicht mit frischem Tee gefüllt werden. All deine Vorstellungen, deine Gedanken und Gefühle stehen dem Erkennen im Wege. Löse dich von den Wertungen, dann wachsen die Werte. Lass los, was du zu wissen glaubst, dann vermittelt sich dir die unmittelbare Wirklichkeit.

Bewusstseinsstand: wissbegierig Ziele verfolgen

Durch die emotionale und spirituelle Arbeit stabilisierte sich mein Bewusstsein zusehends. Die Hinwendung zu Charakterveredelung und bewusster Psychohygiene wirkte reinigend und stärkend. Das Gefühl, nicht der Einzige zu sein, der sich die Neue Zeit wünscht. Neue Entschlossenheit, suchend, forschend, formend, lernend. »Ich will leer sein, um zu lernen, um zu lehren.«
Ich gewann die Überzeugung, dass wir alles erschaffen können, wenn wir es nur ausreichend wollen. Und wir haben Verbündete in der geistigen Welt. Wir wandern nie allein.
In Karl Spiesberger hatte ich ein männliches Vorbild gefunden, das zudem lebendes Beispiel dafür war, wie lohnend und wichtig dieser Weg ist. Es motiviert, zu sehen, was möglich ist.

Ich erreichte ein klare Ausrichtung auf das Licht durch tiefe, lebendige Ethik. Je mehr ich durch mein Handeln dem Licht zu kreativem Ausdruck verhalf, umso mehr dehnte sich mein inneres Seelenlicht aus. Durch Meditation richtete sich die Hirnstruktur neu aus und mein vegetatives Nervensystem baute sich auf wie eine Pflanze, die dem Licht zustrebt. Ein Gefühl innerer Aufrichtung und Stärkung durchströmte mich. Und die bewusste Gewissheit, dass die Richtung zu meiner seelischen Bestimmung passt.

Übungen

Runen-Meditation für einen erfolgreichen Start in den Tag

Runen sind alte magische Zauberzeichen, Lieder und Buchstaben der heidnischen germanischen Völker. Eine Möglichkeit des Umgangs mit ihnen ist das sogenannte Runen-Stellen, auch Runen-Yoga genannt. Ich möchte euch nun eine Übungsabfolge mit drei Runen beschreiben, die gut als Morgenmeditation geeignet ist. Mir hat sie geholfen, mehr Energie für meine Schöpfungen zu Verfügung zu haben. Und sie hilft dabei, die Energien im Licht fokussiert zu halten.

1. Stelle dich entspannt hin, am besten mit Blickrichtung zur aufgehenden Sonne. Atme bewusst ein paarmal tief ein und aus, entspanne, komme ganz bei dir an. Atme nun ein, halte die Luft an und beuge dich nach vorne, sodass deine Finger in Richtung Boden zeigen oder ihn

sogar berühren. Nun atme langsam aus und lasse dich tiefer sinken. Töne dabei den Vokal »U«. Schließe den Teil der Übung ab, indem du sagst: »Ich bin ein Diener der Erde.« Richte dich ganz langsam, entspannt weiteratmend, Wirbel für Wirbel auf, bis du aufrecht im Gleichgewicht bist.

2. Atme nun tief aus, halte den Atem an und hebe die Hände zum Himmel. Atme in dieser Stellung tief ein, öffne deine Räume, wachse, greife den Himmel. Sprich nun den Vokal »A«. Beende den Übungsteil, indem du sagst: »Ich tue den Willen des Himmels.« Nun lasse die Arme entspannt nach unten sinken.

3. Die letzte Rune ist der aufrechte, stabile Stand, dein Körper steht leicht unter Spannung: Hände an die Hosennaht, Brust raus, Bauch rein. Du stehst aufrecht wie der Buchstabe I, den du nun intonierst. Als abschließende Affirmation sagst du: »Schöpferkraft konzentriert, Erfolg garantiert.«

Mit dieser Energie gehe sodann zu Werke. Dein Tag wird sich dadurch anders, besser gestalten. Notiere auch hier deine Beobachtungen.

Wall von Kristall als Schutz vor dem Bösen

Auch diese Übung lernte ich von Karl Spiesberger, ursprünglich stammt sie jedoch von Meister Bô Yin Râ, dem Magier Joseph Anton Schneiderfranken *(Bô Yin Râ: Funken/Mantra-Praxis, Kober Verlag Zürich, 4. Auflage 1967).*

Vom Schutz abgesehen hat diese Übung immer einen reinigenden, klärenden Effekt auf mich – die Klarheit des Kristalls, der mich umgibt, und die Reinigung durch Absorption der Dunkelheit, was zu dem Nebeneffekt der Anreicherung von Licht im Inneren führt.

> »Wall von Kristall
> Allüberall!
> Schließe dich
> Rings um mich
> Schließe ein
> Mich im Sein!
> Überwölbe mich!
> Überforme mich!
> Laß nichts herein
> Als Licht allein!«

Bei den ersten vier Zeilen stelle dir vor, wie du von einem kristallinen, klaren Schutzkreis umringt wirst. Bei den Zeilen 5 und 6 fühle, wie du trotz des Ringes um dich allverbunden bist. Bei Zeile 7 schließe den Ring auch oben und unten, nun solltest du in einer kristallinen Eierschale stecken. Bei Zeile 8 stelle dir vor, wie die Energie dich selbst stark, durchlässig und kristallin macht, wir überlassen uns dem Himmelskristall zur Formung. Die letzten beiden Zeilen verstärken nochmals die Durchlässigkeit für das Schöne, das Dunkle aber soll außerhalb des Kreises bleiben.

Kraftvoll Hindernissen entgegentreten

»Haltung aufrecht, gestrafft – Brustkorb gewölbt – Hände gefaustet, fest an die Brust – Gesichtsausdruck zuversichtlich, energisch. – Tief aus- und einatmen.«
Während der Übung nach Spiesberger sprechen (oder denken) wir kraftbewusst mit der Vorstellung, jedes sich in den Weg stellende Hindernis unter allen Umständen zu beseitigen:

»ALLEN	Arme kräftig vorstoßen;
GEWALTEN	Arme energisch zurück an die Brust;
ZUM TRUTZ	Arme seitlich stoßen;
SICH ERHALTEN	zurück zur Brust;
NIMMER	wieder vorstoßen;
SICH BEUGEN	zurück zur Brust;
KRÄFTIG	seitlich stoßen;
SICH ZEIGEN	zurück zur Brust;
RUFET	Arme hoch stoßen;
DIE ARME	Arme abwärts zur Brust;
DER GÖTTER	erneutes Hochstoßen
HERBEI«	und abwärts zur Brust.

»Diesen Vorgang wiederholen wir drei- oder fünfmal und beenden ihn mit einigen Tiefatemzügen.« *(Karl Spiesberger: Magische Einweihung, Vorwort, Verlag Richard Schikowski, Berlin 1976)* Durch die effektvolle Körperübung öffne ich mich innerlich, nehme kraftvolle Energie auf, mit welcher ich mich selbst lichtvoll gestalten und erhalten kann, egal wie die Umstände sind. Unabhängig von ihnen bin ich einfach Kanal der göttlichen Schöpferkraft und erschaffe mit Liebe.

~~~~~~~~~~~ *Quanten-Essenz* ~~~~~~~~~~~

Entschlossenheit muss immer mit Aufgeschlossenheit einhergehen, sonst gerät sie leicht zur Diktatur des Falschen oder zur Farce.

~~~~~~~~~~~~~~~~~~~~~~~~~~~~~~~~~~~~~

Die Hexenkönigin und
die Leuchte Asiens

Nun fühlte ich mich frei genug, von Leipzig ganz nach Berlin zu ziehen, zumal ich mich der Stadt sehr verbunden fühlte. Meinem täglichen Programm von Meditationen, Übungen, Achtsamkeitstraining, Gebet und Ritualen blieb ich treu. Ich gönnte mir im Vorantreiben meiner persönlichen Entwicklung keine Pause. Ich kann nachvollziehen, dass es den meisten schwerfällt, derart ernsthaft an einer Sache dranzubleiben. Darum rate ich, bildet Gruppen und Gemeinschaften, unterstützt euch in eurem Bestreben und vor allem, seid ehrlich und authentisch im Umgang miteinander. Helft euch im gegenseitigen Erkennen und im Dranbleiben an der Praxis.

Es gibt nichts, dessen man sich schämen müsste, wenn man sich bemüht, ein besserer Mensch zu werden. Daher gibt es auch keinen Grund, mit seinem okkulten Interesse hinterm Berg zu halten. Auch diese Verschlossenheit ist kontraproduktiv für die Verbreitung des ganzheitlichen Weltbildes und Weltwirkens des Neuen Menschen. Die Neue Zeit verbreitet sich nicht durch Verschwiegenheit, sondern durch ein offenes, progressives Bekennen des liebenden Seins. Wie ich jetzt darauf komme? Nun, wäre meine nächste Lehrerin nicht in diesem Sinne mutig gewesen, wir hätten wohl nie zusammengefunden. So aber geschah es, dass ich eines schönen Tages auf dem Rückweg von Potsdam, ich begab mich während des Studiums zum Lernen und später zum Meditieren oft in den Park von Sanssouci, in der S-Bahn einer auffällig geschminkten, älteren Dame gegenübersaß, die mich von oben bis unten musterte. Kurz bevor wir die Haltestelle Savignyplatz erreichten, beugte sie sich unvermittelt zu mir rüber, drückte mir eine Visitenkarte in die Hand, schaute mir tief in die Augen und sprach mit einer ungewöhnlich tiefen Stimme und russischem Akzent folgende Worte: »Ich habe dich gesehen in meiner Kristallkugel und den Befehl, dich auszubilden. Melde dich bei Interesse.« Und noch bevor ich reagieren konnte, lief sie behände in Richtung Ausstieg und war weg. Ich saß da, erst mal etwas verdattert, dann jedoch voller Vorfreude darüber, dass meine Reise weitergehen sollte.

»Madame Z.« stand auf der Visitenkarte, dazu eine Telefonnummer und sonst nichts. Mysteriös, dachte ich bei mir, aber was soll's, ich hatte schon Skurrileres erlebt. Also rief ich an, und es kam zu einem ersten Treffen. Zarina Kolnikowa war gebürtige Russin, Tochter einer Großbauernfamilie, südöstlich von Petersburg geboren. Als kleines Kind flüchtete sie mit der Familie über verschiedene Stationen in Deutschland, Frankreich, der Schweiz und England schließlich in die USA. Von ihren Ahnen bekam sie ein seherisches Vermächtnis und russische Volksmagie vererbt. In Amerika erhielt sie ihre Einweihung bei der Hexenkönigin Lady Sheba, mit bürgerlichem Namen Jessie Wicker Bell. Sie unterwies Zarina in den klassischen Künsten des Wicca, aber auch in ihren Familientraditionen, welche einerseits von den Cherokee stammten, andrerseits aus irischer Volks- und Elfenmagie. Zusätzlich besaß sie traditionelles Wissen der angelsächsischen Runen und ägyptischen Mysterien.

Zarina erwies sich für mich als Sechser im Lotto. Sie wollte immer mit »Zha« angesprochen werden, weil diese Tonsilbe ihr innerstes Wesen ausdrücke. Sie war Trägerin so vieler Traditionen und Geheimnisse, doch nicht nur das, über sie lernte ich verschiedenste Vertreterinnen der Magie und der weiblichen Mysterien kennen, so zum Beispiel auch ihre Freundin Desirée, eine Voodoo-Priesterin aus New Orleans, oder die ewenkische Schamanin Jelena und die Roma-Hexe Lucia. Nicht alles Wissen zu den weiblichen Mysterien kann hier Erwähnung finden, darum möchte ich mich auf die wesentlichen Dinge beschränken. Die Einteilung der Mysterien in weiblich und männlich ist historisch durch die unterschiedlichen Lebenswirklichkeiten von Männern und Frauen in der Vergangenheit bedingt. Heute spielt diese Unterteilung keine Rolle mehr. Wir betrachten es eher als zwei unterschiedliche Formungen ein und derselben Wahrheit. Zwei Jahre lang nahm mich Zarina unter ihre Fittiche, bevor sie wieder zurück nach Amerika ging. Zarina hatte, seit sie Mitte der 1980er-Jahre nach West-Berlin kam, einen Kreis magisch interessierter Frauen aufgebaut. Sie stand damit praktisch einem Hexenkonvent vor. Für sie war klar, dass sie mich ausbilden würde, ob dies im Kreis geschehen würde oder außerhalb davon, war fraglich. Auch wenn sie dem Konvent als Priesterin diente, lehnte sie jede Macht über andere ab. Es sollte also demokratisch entschieden werden, ob ein Mann in diesen rein weiblichen Kreis Aufnahme finden sollte oder nicht. Ich wurde angenommen, sogar einstimmig, und mit einer besonderen Einweihungszeremonie eingeführt. Auch die weibliche Magie braucht klare Vorbereitung, aber sie arbeitet spontaner und flexibler, mehr über Sinn und Sinnlichkeit. Die Sinne zu schulen war eines von Zarinas besonderen Anliegen, denn nur mit trainiertem Sinn, klar wie Kristall, gelingt der Blick auf die Wirklichkeit. »Schwachsinn und Starksinn«, lehrte Zarina, »die Beschäftigung mit ersterem schwächt, mit letzterem stärkt die Sinne. Löse dich von der Schwächung des Sinns und übe die Stärkung der Sinne!« Ganz diesem Motto verpflichtet wurde ich, gefesselt und mit verbundenen Augen, in einem großen Tuch liegend von den Frauen zu ihrem Treffpunkt auf einer versteckten Wiese voller Kaninchen mitten in Berlin getragen. Während ich wie auf Wolken schwebte, begannen die Frauen um mich herum zu summen und zu singen. Ich wurde sanft aus dem Tuch gerollt und in eine kniende Position gebracht. Ich spürte etwas Kaltes, die Spitze eines Dolches, auf meinem Bauch, danach auf dem Herzen und schließlich am Hals. Ich musste schwören, alle Magie der Göttin in Liebe zu wirken, mit Liebe ein Hüter der Mutter Erde zu sein und der Göttin Willen zu tun, wie auch immer er sich offenbare. Ich sollte schwören zu schweigen über interne Dinge des Kreises. Danach wurde das Messer hinter mich geführt und die Fesseln durchschnitten. So wie die Nabelschnur durchschnitten wird, was uns von der Mutter trennt, aber ein eigenes Leben ermöglicht: Die Göttin gewährt die Gnade der Befreiung. Dann wurde die Augenbinde entfernt, die Göttin schenkt kristallene Klarsicht. Danach folgte die Zeremonie des Herabziehens des Mondes, es wurden Prophezeiungen gesprochen, Zauber gewirkt, Segen verteilt und anschließend ausgelassen getrunken und geschmaust. Die folgenden Riten erinnerten an fröhliche Gottesdienste. Dennoch war das Programm recht straff: wöchentliche Lehrstunden bei Zha, in denen ich meine Fertigkeiten in Magie, Beschwörung, Tarot vervollkommnete, Zeremonien zu Voll- und Neumond und die acht Jahreskreisfeste hielten mich in Atem, dazu übte ich noch zusätzlich, was ich von Karl Spiesberger gelernt hatte.

An Büchern beschäftigte ich mich weiter mit dem New Age, las die Schriften des modernen und klassischen Heidentums und der vorchristlichen Religionen und Mysterienkulte Europas und des alten Orients. Angeregt durch die von Zha vermittelte Spiritualität der Cherokee las ich zusätzlich Bücher über die nord- und südamerikanischen Indianer, den sibirischen Schamanismus, die Huna Hawaiis und die Traumzeit der Aborigines.

I-Magie-nation und Voodoo

Ein wesentliches Augenmerk der Ausbildung bei Zha lag auf der Imagination. Sie lehrte, dass es I-Magie-nation heißen sollte. Jeder Zauber geht einher mit Vorstellungskraft. Die Grenzen deiner Vorstellung sind identisch mit den Grenzen deines Glaubens. Jesus lehrt: »Es geschieht dir, wie du es glaubst.« In diesem Zusammenhang würde ich es so formulieren: Du kannst erreichen, was du dir vorstellen kannst. Hast du von etwas keine Vorstellung, ist das Erreichen des Zieles unwahrscheinlich. Es ist zwar immer noch möglich, frei nach dem Motto »Auch ein blindes Huhn findet mal ein Korn«. Aber unwahrscheinlich. Das erinnert mich an einen weiteren Lehrsatz Zhas: »Unsere Magie erzwingt nichts, sie spielt mit den Wahrscheinlichkeiten.« Soll heißen, wir akzeptieren, wenn etwas nicht sein soll. Mit unserer Magie machen wir nur das Eintreten des gewünschten Ergebnisses wahrscheinlicher. Und, wie Zha lehrte, Imagination lenkt und zähmt die Emotionen. Zha hatte auch ein interessantes Konzept zu magischer Macht. Wir Menschen tragen etwas Macht in uns, diese können wir trainieren, und vielleicht gelingt es uns, kraft eigener Wassersuppe das ein oder andere zu bewirken. Wirkliche Macht besitzt aber nur die Göttin. Wenn wir uns unseres Willens enthalten und unsere Macht der Göttin für ihre Zwecke zu Verfügung stellen, dann verschmelzen göttliche und menschliche Kraft zu einer Einheit. Indem wir mit unserer Kraft der Göttin dienen, können wir in der Welt mit der Kraft der Göttin agieren. So verschmelzen wir in einem Akt gegenseitiger Liebe und Hingabe, den Willen des Universums erfüllend. Einen höheren Sinn vermögen wir unserem Leben nicht zu verleihen, meinte Zha.

So, wie sie die Hexenkunst lehrte, waren die Götter persönliche Stellvertreter der männlichen und weiblichen Kraft, sozusagen Botschafter des Yin und des Yang im Universum. Somit sind wir frei, unter welchem Namen und in welcher Persönlichkeit wir uns Gott oder Göttin annähern. Ich fiel fast vom Stuhl, als ich erfuhr, dass Zha sich ausgerechnet Diana als Herrin erwählte. Streng genommen wurde sie von Diana erwählt, denn sie bekam den Kontakt bei ihrer ersten Einweihung durch Lady Sheba vermittelt. Diana war es auch, die ihr befahl, mich auszubilden. Und war es nicht auch Diana, die sich mir im Tempel in Lützschena offenbarte und mir einen Auftrag gab? Zumal ich zwischenzeitlich herausgefunden hatte, dass der von mir so genannte Venus-Tempel von seinem Erbauer als Diana-Tempel konzipiert wurde.

Ich fasse zusammen: An einem Ort, der ohne mein Wissen der Göttin Diana geweiht ist, offenbart sich mir die Göttin Diana und schickt mich auf die spirituelle Reise. Gleichzeitig sorgt die Göttin Diana dafür, dass eine Frau zu ihrer Priesterin ausgebildet wird, und bringt diese aus dem fernen Amerika hierher, um den Mann in der Kristallkugel erscheinen zu lassen, den sie ausbilden soll. Den einzigen Mann überhaupt, der ihr »zufällig« in der S-Bahn begegnet. Ich greife jetzt etwas vor, aber das sind die typischen Wege Gottes, die laut Bibel rätselhaft und unergründlich sind. In solchen Dingen zeigt sich das Wirken einer höheren Intelligenz, man sieht Gott in seinem Wirken, indem man sein Lenken der Realität beobachtet, und was wir dann zu sehen bekommen, sind Wunder über Wunder.

Auf eine weitere Begegnung möchte ich noch gesondert eingehen. Desirée war Priesterin einer zu Unrecht nicht als solche anerkannten Weltreligion, des Voodoo. Von West-Afrika ausgehend verbreitete sich Voodoo mit dem Sklavenhandel, hat weltweit ca. 60 bis 100 Millionen Anhänger, je nachdem, ob man mittel- und südamerikanische Santería und Brujería dazurechnet, und ist auf allen Kontinenten vertreten.

Desirée lehrte mich, aus Knochen die Zukunft zu lesen, Dämonen in Flaschen zu verkorken und Trance-Techniken über Trommelrhythmen, um sich von den Göttern reiten zu lassen. Auch bei diesen Techniken geht es darum, das eigene Ich-Empfinden zu überwinden und sich einem größeren Kraftstrom anzuschließen, der menschliche Erfahrung bei Weitem übersteigt. Auch im Voodoo gibt es nur einen Gott, Bondye genannt, der gute Gott. Die im Universum wirkenden Intelligenzen werden als Loa bezeichnet, gleichbedeutend mit Elohim könnte man sie als die schöpferischen Kräfte, die Geister und Masken Gottes beschreiben. Doch so tief möchte ich an dieser Stelle nicht vordringen. Stattdessen möchte ich euch das Knochen-Prinzip vorstellen. »Das Leben«, sagte Desirée bei einem ihrer Besuche, »ist wie ein Knochen. An der einen Seite ein dicker Knubbel, dann ein mehr oder minder langer, relativ gleichbleibender Mittelteil, und das dicke Ende kommt zum Schluss.« Was sie mir mit dieser Analogie lehrte, war, dass es im Kreislauf des Lebens meist drei zusammenhängende Phasen gibt. Nicht nur die Dreiteilung von Vergangenheit, Gegenwart und Zukunft, die dreifaltige Zeit, ist hier gemeint. Jeder schöpferische Lernprozess des Lebens funktioniert unter dieser Dreiteilung. Wenn man dies berücksichtigt, kann man einige Fehler auf dem Weg des Lebens vermeiden. Auch die häufig vorzufindende Drei-Grad-Einteilung von Einweihungssystemen ist darauf zurückzuführen, ebenso wie auch die Stadien Lehrling, Geselle und Meister. Im ersten Lebensteil ist viel zu tun, und es strömt viel auf einen ein. Im zweiten Teil gilt es, geduldig dranzubleiben; Kontrolle, Korrektur und Wiederholung sind hier die Themen. Im dritten und letzten Teil folgen Erkennen, Verständnis und Verarbeitung. In anderem Zusammenhang ist das auch als Gesetz der Saat, Aufzucht und Ernte bekannt.

Wenn ich etwas lernen möchte, strömt anfangs viel Neues auf mich ein, was ich noch nicht bewältigen kann. Als Lehrling strömt so viel Neues auf einen ein, wenn man ein Instrument erlernen möchte ebenfalls. Es ist viel Arbeit, das Handwerkszeug zu lernen, das Fundament für etwas Neues zu legen, zu ackern und zu säen. Doch allmählich tritt ein Gewöhnungseffekt ein, und vieles, was vorher volle Aufmerksamkeit erforderte, wird mehr und mehr zu Routine, der Lehrinhalt geht in Fleisch und Blut über. Beherrscht man sein Gebiet, gilt es, ihm eine ureigene, authentische Note zu geben, das Zeichen der Meisterschaft – vorher sollte man lernen, jetzt könnte man lehren. Für mich war es immer sehr hilfreich, dieses Prinzip im Hinterkopf zu haben, vor allem wenn man in der mittleren Phase steckt und droht, die Geduld zu verlieren. Auch für Traumata stimmt dieses Prinzip, denn ein Trauma ist zunächst eine Schmerzüberreizung, der dann eine lange Zeit der Verarbeitung und Lösung folgt, bevor man in einem besseren, schöneren Leben ankommt.

Um noch mal auf Desirée zurückzukommen, einen Spruch sagte sie im Nachgang noch, mit dem ich das Thema abschließen möchte: »Brich den Knochen nicht, sonst ziehst du den Zorn der Ahnen auf dich.«

Zu dieser Zeit paukte Zha mit mir die Bedeutungen und Anwendungsmöglichkeiten des Pentagramms. Allein zu diesem Symbol und seinen Bedeutungen könnte ich ein eigenes Buch schreiben. Wenigstens eine ihrer philosophischen Abhandlungen zum fünfzackigen Abendstern möchte ich euch nicht vorenthalten. Stellen wir uns also ein umgekehrtes Pentagramm vor, eine Spitze zeigt nach unten. Wir verteilen die fünf mathematischen Grundzeichen folgendermaßen an die Spitzen: das Geteiltzeichen steht unten, im Uhrzeigersinn folgen Minus, Gleichheitszeichen, Mal und Plus. So verteilt sich unsere Gesellschaft. Unten finden sich die Gebrochenen, die aus Not mit der Gesellschaft, die sie im Stich gelassen hat, brechen und die zum Verbrechen neigen. Die, die die Gesellschaft am liebsten loswerden oder auslagern würde. Die nach Unten potenzierten. Die große Masse befindet sich eine Ebene darüber, eingesperrt zwischen Minus und Plus, Verlust und Gewinn, Ablehnung und Anziehung, Aufbau und Zerstörung, Gut und Böse. Diese Menschen sind zwar im Kern positiv oder negativ gepolt, entwickeln aber im Leben die fatale Neigung, stets zwischen diesen Polen hin und her zu springen, sich mal Glück, mal Leid erschaffend, die Zusammenhänge jedoch weder unterscheidend noch begreifend. Die meisten dieser Menschen sind so in ihrer widersprüchlichen Polarität gefangen, dass sie sich nur noch damit identifizieren und die komplexe Wirklichkeit darüber vergessen. Sie kennen ihren Kern nicht und halten sich für gut, obwohl sie negativ gepolt sind, oder verurteilen sich als böse, obwohl sie positiv gepolt sind. Irgendwann sind diese Menschen so wirr, so aufgerieben zwischen ihren Widersprüchen, dass sie Gut und Böse, Richtig und Falsch nicht mehr unterscheiden können. Sie sind blinde Gefangene, getrieben von egoistischen Begierden und stetigen Ängsten. Wer nicht hat, will haben, wer hat, will mehr haben, und alle leben in ständiger Angst vor dem Verlust. Sie versuchen, jene Ebenen der Realität von sich zu stoßen, die ihnen unangenehm sind, obwohl sie sie gleichzeitig miterschaffen haben. Und sie wollen mehr von den Ebenen der Realität, mit denen sie sich wohlfühlen, diese gilt es rücksichtslos zu erobern. Und mit voller Überzeugungskraft werfen sich diese Menschen Tag für Tag in ihr zerstörerisches Werk.

Der Weise macht sich in seiner Art nicht von diesem Trubel, dieser Hatz und dieser Jagd abhängig. Er nimmt die Dinge gleichermaßen als Realität an, stößt nichts davon ab und will auch nichts davon haben. Unbeeinflusst vom Wechsel der vergänglichen Phänomene lässt er sich vom Plus nicht anheben und vom Minus nicht niederdrücken. Er sorgt für den gerechten Ausgleich, und nichts ist ihm mehr oder weniger wert. Alles in Ausgeglichenheit zu halten gelingt nur dem, der mit nichts identifiziert ist. Denn jede Identifikation sorgt für Verstrickung, Berechnung zu eigenen Gunsten und zum Egoismus. Niemanden höher oder geringer schätzen, sondern alle gleich behandeln, führt zur Erleuchtung. Wenn man diesen Zustand kultiviert, ähnelt er dem buddhistischen Nirvana. Das Gleichsetzen nimmt den Dingen analog zum Gleichheitszeichen die Verzerrungen.

Neben dem Bruch und dem Ausgleich gibt es nun noch eine Form, wie man aus den gesellschaftlichen Zwängen herauskommt, und das ist das Malzeichen. Für Zha ist es das Zeichen positiver Potenzierung. Während das Geteiltzeichen den Bruch symbolisiert, die Teilung, die Trennung, ist das Malzeichen die Heilung, die Vereinigung, die Kooperation. Es hat die Teilung jedoch in Form der Teilhabe in sich. Diese nimmt aber nichts weg, sondern fügt hinzu. Diese Bereitschaft, das Potenzial allen zur Verfügung zu stellen, führt dazu, dass Gott das seine auch hinzugibt. Wir setzen auf Multiplikatoren, statt uns um Summierung zu sorgen. So kann mit wenig Aufwand des Einzelnen die Gemeinschaft mehr erreichen, als es alle Einzelteile bei höchster Kraftanstrengung für sich selbst könnten.

Zha wollte uns damit sagen, dass neben dem Modus des Hin-und-Hergeworfenseins und des (negativen) Bruchs mit der Gesellschaft es zwei grundsätzliche Wege gibt, die aus diesen Zwängen, Abhängigkeiten und der Zerstörungswut herausführen: Stille und Fülle. Stille geht hierbei der Fülle voraus, man muss erst leer werden, alle Gedanken, Gefühle und Bewertungen aufgeben, um still zu sein. Denn nur eine leere Tasse ist bereit, Fülle aufzunehmen. Im höheren Sinne sind vollkommene Leere und vollkommene Fülle identisch, weil sie sich mit nichts außer mit der wahnfreien Wirklichkeit identifizieren.

Die wichtigste Botschaft jedoch lautet: Es gibt immer eine Alternative. Niemand ist gezwungen, seinem Ego zu folgen. Löse dich von deinen Gewohnheiten, denn sie haben uns an den Rand des Abgrunds getrieben. Daher werden sie es nicht sein, die uns retten, sondern das Ungewöhnliche und Ungewohnte, dort liegt die Lösung.

Für mich folgte nun der Abschied von Zha, denn ihre letzte Reise wollte sie von Amerika aus antreten. Ich war ihr unheimlich dankbar für alles, was sie für mich getan hatte. Auch dem Frauenkreis, der im Übrigen über Zhas

Weggang hinaus Bestand hatte, und den Lehrerinnen und Hütern alter Traditionen, deren Bekanntschaft sie mir vermittelte, war ich dankbar.

Landschaftsheilung

Ein knappes Jahr nach jener schicksalsträchtigen S-Bahn-Fahrt und somit ungefähr in der Mitte meiner Ausbildung bei Zha lernte ich bei einem Vortrag über Atem, Qi Gong und Traditionelle Chinesische Medizin Dr. Wei kennen.

Während Zhas Familie vor der russischen Revolution nach Westen floh, entschied sich Dr. Weis Familie für die gegenteilige Richtung und floh vor der Kulturrevolution von Sichuan aus nach Taiwan. Hier konnte die Familie ihre daoistische Tradition wahren, ihre Kampfkunst weiter ausführen und die traditionelle Medizin praktizieren. Sein Vater war Apotheker, und der Sohn wurde Arzt. Nun war er einige Zeit für Vorträge und Seminare in Deutschland. Er war mein lebendiger Quell, was die fernöstlichen Weisheiten anging. Durch ihn kamen Daoismus, Buddhismus, Hinduismus, Shintoismus, Sikhismus, Jainismus, Konfuzianismus und Bön auf meine Studienliste.

Bei Dr. Weis Familie zeigte sich, ähnlich wie auch bei meiner Oma, dass Menschen, die flüchteten oder vertrieben wurden, eine besonders starke Anbindung an die heimatlichen Traditionen und Bräuche benötigen, die ihrer Identität Stabilität verleihen, um zu verhindern, dass sie bricht. Die nachfolgende Generation, die nicht in der alten Heimat geboren ist, wird dies befremdlich finden, eher zur

Flucht in die neue Kultur neigen und gegen die Brauchtumspflege der Eltern rebellieren oder sie verdrängen. Die dritte Generation beginnt dann, Fragen zu stellen, die Historie zu erforschen, und mit etwas Glück gelingt es ihr, diese Ebene zu heilen und Reste der alten Kultur in eine neue Tradition zu retten.

Als meine Oma vertrieben wurde, war sie mit meiner Mutter schwanger. Da ihr materiell nicht viel blieb, pflegte Oma das immaterielle Erbe der Schwadener Mädel weiter – Sprache, Kochkunst, Musik, Volksglaube, Heilkunst usw. Meine Mutter lehnte das sudetendeutsche Erbe rundherum ab, was den Konflikt zwischen den beiden wiederum vertiefte. Erst ich, die Enkelgeneration, nehme das Erbe an und trage es weiter in die Zukunft. Es ist nicht vollständig, sondern eher das, was durch die Mühle der Zeitereignisse übrig blieb.

Dr. Wei erging es ähnlich, er ist als Kind geflüchtet und hat danach alles getan, seine chinesische Kultur zu studieren und zu verkörpern. Seine Kinder machten es der äußeren Form nach mit, aber mit innerer Ablehnung, mehr aus einem Pflichtgefühl heraus. Seine Enkel wiederum haben echtes Interesse an den authentischen Traditionen aus Sichuan. Er hatte chinesische Medizin studiert, als Daoist kannte er viele Schriften, Atemtechniken und Alchymie, beherrschte die Kochkunst, die Kalligrafie, die in seiner Familie weitergegebene Lehre des Feng-Shui und war ein Meister in den Kampfkunstarten Baguazhang und Tai-Chi im Wu-Stil.

Obwohl wir uns in erster Linie trafen, damit er mir die Kunst des Feng-Shui beibringen konnte, lehrte er mich noch unendlich viel mehr. Ich möchte mich hier aber auf die Ebene der Landschaftsheilung beschränken, die streng genommen ein Teilbereich der Transpersonalen Psychologie ist. Dr. Wei sagte, wenn das große Ganze krankt, solle man nicht die Einzelteile behandeln. Oder, um wieder in der Sprache der Transpersonalen Psychologie zu sprechen, erst wenn das System gesund ist, heilen auch seine Einzelteile. Ist das System krank, werden auch die Einzelteile eine Neigung zur Krankheit entwickeln. Dabei gilt es, das Prinzip des Wu Wei zu beachten. Dieses dem Daoismus entstammende Konzept wird häufig mit »Nichthandeln« übersetzt, die richtigere Bedeutung ergibt sich aber eher, wenn man den Begriff mit »Nicht-eingreifen« oder »Nicht-angreifen« übersetzt. Daher scherzte er immer, in Anlehnung an die Protagonisten Dr. Jekyll und Mr. Hyde aus der Novelle von Robert Louis Stevenson, er sei Mr. Wu und Dr. Wei in einem. Als Mr. Wu sei er zurückhaltend, ruhig, der Frieden selbst, »Wu« bedeutet »nichts«. Aber als Dr. Wei zu jedem Angriff bereit. Dabei lachte er immer herzlich. Wer sein Yin und sein Yang verwirklicht hat, reift im Dao.

Ein System erkrankt nicht, indem eines seiner Einzelteile krank wird. Systemischen Krankheiten liegen immer kollektive Krankheiten zugrunde, deren Symptome häufig über Generationen kultiviert und als »normal« und »richtig«, häufig auch als »alternativlos« erklärt worden sind. So wird sich zu Beginn der Neuzeit niemand darüber gewundert haben, wenn Frauen auf dem Scheiterhaufen bei lebendigem Leibe verbrannt wurden. Dieses Fehlverhalten wurde zur damaligen Zeit als vollkommen normal angesehen. Heute allerdings käme uns ein solches Verhalten mehr als merkwürdig vor, oder? Wir akzeptieren Fehlverhalten unter dem Zwang der Not des eigenen Überlebens oder aus purer Gewohnheit. Fällt beides weg, wehren wir uns eher gegen Ungerechtigkeit. Als Außenstehender fällt es leicht, die Krankheit zu erkennen. Mit Abstand gelingt uns das, was ist aber, wenn wir mittendrin stecken? So, wie damals eine Hexenverbrennung normal war oder zu Zeiten Jesu eine Kreuzigung, so »normal« erscheint es uns heute, wenn Menschen verhungern oder auf der Flucht im Mittelmeer ertrinken. Wir regen uns über die Toten der anderen auf, die eigenen Leichen im Keller, die wir mit unserer Lebensweise ermorden, interessieren da nur marginal, wenn überhaupt. Um dieses Thema wirklich zu durchdringen, müssen wir uns erstens darüber einig sein, dass das Sterben an Hunger, auf der Flucht oder im Elend des Krieges genauso krank und unnötig ist wie Hexenverbrennungen und Kreuzigungen. Und zweitens müssen wir uns klarmachen, dass jeder, der nicht aktiv für die Heilung dieser Zustände eintritt, sich mitschuldig macht. Habt den Mut, euch für die Veränderung einzusetzen.

Natürlich beginnt die Heilung der Welt mit der eigenen Entscheidung für den Bewusstseinswechsel. Dieser Wandel auf kollektiver Ebene ist sogar das Wesen der spirituellen Revolution. Entscheide ich mich für ein Nicht-ich-bezogenes Bewusstsein, wird dies Konsequenzen für mein gesamtes Handeln haben. Umgekehrt betrachtet: Änderst du dein Handeln nicht, ändert sich auch dein Bewusstsein nicht, und es wird sich nichts verändern.

Eine Gesellschaft, die Krieg für einen unvermeidbaren und normalen Weltzustand hält, ist ebenso krank wie ein Mann, der Gewalt gegen Frauen für normal hält. Und als Gefangene des Egos ist jede wie auch immer geartete Lumperei gut und richtig, so sie unseren Zwecken dient. Sobald wir aber klarstellen, dass dies ist unnötig, krank und schädlich ist, müssen wir auch unser Verhalten entsprechend dieser neuen inneren Einstellung anpassen. Hier ist Achtsamkeit vonnöten und eine disziplinierte Selbsterziehung. Denn so sehr wir das Falsche als solches erkennen können, so sehr können wir es uns im Ego schönreden, wenn es uns nutzt. So erscheint es uns einsichtig, Krieg als krankhafte Entartung zu betrachten, weil das erzielte Leid niemals den erhofften Gewinn rechtfertigt. Das bedeutet aber auch, dass das friedliche Zusammenleben der Völker der gesunde Zustand ist. Doch können wir auch auf individueller Ebene erfüllen, was wir uns vom Ganzen erhoffen? Denn wenn Angriff und Gewalt auf kollektiver Ebene verschwinden sollen, müssen wir darauf erst individuell verzichten.

Dies bringt uns zurück zu Wu Wei – Nicht-Angriff. Die Natur formt sich von innen heraus harmonisch, immer das universelle Gleichgewicht von Aufbau und Zerstörung achtend. Der Mensch hat die fatale Neigung, aus Egoismus das Gleichgewicht dauerhaft in Richtung Störung zu verschieben. Die so entstehenden Störfelder sind offen für Zerstörung. Wie viel Leid bliebe uns erspart, wenn wir auf jeden Angriff verzichten würden? Damit beginnt Friede. Dies ist lediglich eine Rückkehr in den ursprünglichen, natürlichen Zustand. Das Neue ist eine

Rückkehr zum Ursprung, eine konservative Revolution. Diese Anbindung an den Urzustand nennt man auch Religion und den Weg dieser Anbindung an den Himmel auf Erden Spiritualität.

Entdecken wir also wieder, was wir verloren haben oder uns geraubt wurde: die Einheit mit Mutter Erde, die Einheit mit der Natur, die Einheit mit dem Universum und letztlich mit Gott. Somit entsprechen Aktionen, die dieser Zurücksetzung in den natürlichen, ursprünglichen und gesunden Zustand dienen, dem Wu Wei. Es ist also nicht ein Nichtstun gemeint. Ganz im Gegenteil, wir sind vom Wu Wei umso dringender zum Handeln aufgefordert, je weiter wir uns von dem gesunden Zustand entfernt haben.

Je mehr eine Sache nur dem eigenen Nutzen dient, umso weiter ist sie entfernt vom Prinzip Wu Wei. Je mehr deine Handlungen zu einem Nutzen für die Welt führen, umso näher bist du dem Prinzip des Wu Wei. Man könnte auch im Sinne der Lehre Jesu formulieren: Ist es dein Bestreben, der Welt etwas aus Eigennutz zu entnehmen oder hinzuzufügen, ist dies das Gegenteil von Wu Wei; entspricht es jedoch deinen Bestrebungen, der Welt etwas von Herzen zu geben, was ihr nützt, oder zu nehmen, was unnütz ist, so geschieht dies im Rahmen des Wu Wei. Auch hier gilt, Geben ist seliger denn Nehmen.

Und genau das entspricht auch der Lehre des Feng-Shui. Sie versucht, den ursprünglich-harmonischen Zustand in der Materie wie im Feld herzustellen. Damit arbeitet sie daran, den Schaden, der durch menschliche Eingriffe entstanden ist, wieder auszugleichen.

Der Mensch legt Moore trocken, holzt Wälder ab und vergiftet das Wasser, wenn ihm das nützlich erscheint. So ist der Mensch. Wenn er von dieser Krankheit befallen ist, richtet er Schaden an und behauptet, einen Nutzen zu erzielen. Diese offensichtliche Diskrepanz ist es, die im Kern die Krankheit ausmacht, und da diese Krankheit noch die Mehrheit betrifft, halten wir jede Abweichung von diesem Verhalten im Sinne der Liebe, der Freude und des Friedens für bedrohlich. Aber Heilung beginnt eben immer mit der Erkenntnis der eigenen Krankheit.

Dies lehrte Dr. Wei mich, und ich brachte ihm im Gegenzug alles bei, was ich über westliche Geomantie, Rutengehen und Pendeln wusste. Und so wächst zusammen, was ursprünglich Einheit war.

Die Transpersonale Psychologie leistet Arbeit am Umfeld, in der kollektiven und archetypischen Ebene. Wie der Name schon sagt, geht man nicht auf die individuellen Störungen der Persönlichkeit ein, sondern auf die gestörten Felder seiner Umgebung, der Familie, des Kollektivs, der Zeit, des Systems.

Dr. Wei wurde eines Tages als Berater zu einem Bauernhof gerufen und nahm mich mit. Der Bauernhof sollte auf Bio-Standard umgerüstet werden, es sollte einen kleinen Hofladen geben, und ein Teil des Hofes sollte als Pension für Gäste und Urlauber eingerichtet werden. Problematisch waren die aggressive Stimmung innerhalb der Familie, ein Nachbarschaftsstreit und ein beißender Geruch. Hinzu kam das Problem mangelnder Gäste. Die auch emotional belastende Situation legte sich auf die Familie, der Sohn schwankte zwischen Aggression und Rückzug, die Tochter »funktionierte« einfach nur noch, weil dies erwartet wurde und notwendig war, die Mutter war stets leicht hysterisch oder weinerlich am Rande des Nervenzusammenbruchs, der Vater machte unnahbar und stur »sein Ding«. Selbst die tierische Population rebellierte, Kühe gaben plötzlich keine Milch, die Eier wurden weniger, Kaninchen starben.

Dr. Wei mochte es, wenn er mich bei solch rätselhaften Fällen dabei hatte, denn chinesische Magie als Einfluss konnte er erkennen, europäische jedoch nicht, dafür war ich zuständig. Auch auf diesem Gebiet gab es einen fruchtbaren Austausch zwischen uns, und so ist Dr. Wei der Lehrer, dem ich auch am meisten selbst Lehrer sein konnte. Einen Fluch oder die Anwendung schwarzer Magie konnten wir in diesem Falle ausschließen, auch wenn der Verdacht nahelag, da sich die Unglücksfälle so unnatürlich häuften. Auf dem Hof fiel uns ein subtiler, aber unangenehmer, leicht beißender Geruch auf. Aber kein Geistgeruch, wie Dr. Wei anmerkte. Der Bauernhof selbst war liebevoll teilrenoviert worden, jetzt fehlten jedoch die Mittel, ihn fertigzustellen. Aus den Gesprächen ergab sich, dass diese Aneinanderreihung von Unglücken ungefähr vor drei Jahren begann. Letztlich war der Beginn bei dem Zeitpunkt zu finden, an dem der Nachbar verkündete, seine Schweinemast vergrößern zu wollen. Darüber kam es zum Streit, Stück für Stück kam die dysfunktionale Familiensituation dazu und schließlich der tierische Ausfall. Ein Teufelskreis, eine Spirale nach unten.

Als Nächstes untersuchten wir die Umgebung, und wieder fiel jener beißende Geruch auf, der umso stärker wurde, je näher man dem Gehöft kam. Die Ställe waren aber gepflegt und sauber, und selbstverständlich riecht es auf dem Land etwas strenger, dieser Geruch aber war unnatürlich, wie ein leichter Hauch von Ammoniak. Könnte das die gereizte Stimmung erklären, ein Geruch, der die Nasenschleimhäute reizt? Und war diese schleichende Vergiftung vielleicht für den Tod der Kaninchen, die immer weniger werdenden Eier und die schwankende Milchabgabe der Kühe verantwortlich? Von der natürlichen Bestimmung des Grundstücks, wie wir sie vom Kompass aus der Umgebungsmatrix ablasen, war die Realität des Bauernhofes himmelweit entfernt. Dahin galt es das Grundstück energetisch zurückzusetzen, doch vorher war der Angriff zu bestimmen, der diese Verzerrung verursachte. Und tatsächlich hing dies mit der Schweinemast zusammen. Gegenüber unserem Bauernhof lag diese erhöht. Der Hof war in einer Senke, im Osten des Hofs lagen die Stallungen, im Westen ein Feld, welches sich einen Hügel hinaufzog. Auf diesem waren ein paar Reihen Bäume, und dahinter begann das Feld des Nachbarn, und in einiger Entfernung weiter westlich stand die Mastanlage. Die erzeugte Gülle wurde reichlich als Dünger auf den Feldern verteilt. Wir fanden heraus, dass im Erdreich unter dem Hügel massiver Felsen lag. Die Gülle drang ins Erdreich ein und wurde vom Regen in tiefere Schichten gespült, dieses hochbelastete Wasser konnte durch den Felsen nicht absickern und floss an ihm unter dem Hügel entlang. Unter dem anliegenden Feld näherte es sich immer mehr der Oberfläche, um sich dann in der Senke knapp unter der Erde zu sammeln. Je nach Witterungsbedingungen wurden der Hof und die Tiergehege seit drei Jahren mal mehr, mal weniger mit der Hinterlassenschaft der Schweine vom Nachbarhof unterspült, bis das ganze Gelände und sogar das Innere des Hauses jenen Geruch angenommen hatten.

Dr. Wei bestimmte mit dem Kompass 15 Punkte auf dem Feld am Hügel, unter dem die Gülle auf die Gebäude zufloss, und ließ 15 Holzstäbe herstellen, angespitzt, ca. eineinhalb Meter lang und vielleicht doppelt so dick wie ein Besenstiel. Diese trieben wir an den Punkten tief ins Erdreich. Erdakkupunktur nannte Dr. Wei das. Am Ende führte er auf dem Feld einen Tanz mit Gesang auf, der auf dem Saturnquadrat basiert. So aktivierte er das Feld und gab ihm mit den Nadeln eine neue Form. Der Geruch in Haus und Hof ließ von da an schlagartig nach und verschwand schließlich ganz. Tier und Mensch erholten sich, die Familie rückte wieder zusammen. So wurde über das geheilte Umfeld der Einzelne wieder heil. Denn unsere individuellen Emotionen beruhen auf einem uns verbindenden Feld emotionaler Möglichkeiten, welches sich in der einen oder anderen Form entlädt. Wir sind also in unserem Wohl- und Unwohl-Fühlen abhängig vom emotionalen Feld, in welchem wir uns befinden. Dieses Feld besteht in ständiger Wechselwirkung zum Bewusstsein, was es durchwandert. Das Feld nährt das Bewusstsein und umgekehrt. Dieses emotionale Feld nennen wir auch die Astralwelt oder Anderswelt. Seine Bewohner stehen durchaus auch in Co-Abhängigkeit zu unseren Empfindungswelten. Was wir an Gefühlen einspeisen, beeinflusst ihre Welt, und ihre Arbeit beeinflusst, wie wir uns fühlen. Es ist die Welt der Träume und Fantasien, der Imagination und der uns alle umfassenden emotionalen Struktur.

Es sind die Fantasie, die Inspiration und Imagination, die allen echten Fortschritt ausmachen, nicht die kalte Messung und Berechnung der Teile. Und das führt zur zweiten großen Maßnahme auf dem Hof, die ich mit dem Frauenkreis besprach. Wir nahmen Kontakt zu den Wesen hinter dem Vorhang auf. Die Naturgeister vor Ort waren ohnehin bereits zornig, da Bäume gefällt wurden, um mehr Platz für Ackerfläche zu haben. So war es ein leichtes, ihnen beizubringen, wie sie technische Geräte sabotieren konnten. Von da an häuften sich die Probleme im angrenzenden Mastbetrieb. Es dauerte noch eine ganze Weile, doch schließlich wurde die Mastanlage verkauft und ebenfalls zu einem Bio-Hof umgewandelt. Wenn wir die spirituellen Kräfte bündeln, können wir durchaus viel erreichen. Erst recht durch die transpersonale Emotionalarbeit, mit Magie und unter Zuhilfenahme der anderen Welt.

Reinkarnation oder Wer bin ich wirklich?

In den asiatischen Traditionen spielt die Reinkarnation eine große Rolle, und auch ich sollte mit diesem Umstand Erfahrungen machen. Der Zufall brachte einen jungen Mann in mein Leben. Unsere Blicke trafen sich, und ich hatte das Gefühl, als würde ich nach hinten treten. Ich nahm mich in einer Person wahr, ich wusste, hinter mir standen noch andere Ich, aber die interessierten nicht und verblassten eher, vor mir standen ebenfalls fünf oder sechs

Ich-Personen, dann mein eigentlicher Körper. Es war, als habe man einen Fächer aufgeklappt, und statt nur noch die Oberseite zu sehen, sah ich plötzlich die verschiedenen Inkarnationen aufgereiht. Dasselbe geschah auch mit ihm, auch hinter ihm klappten mehrere Persönlichkeiten auf, und zu einer fühlte ich eine besondere Verbindung. Es stellte sich heraus, dass ich in eine Vorinkarnation geworfen war, in welcher ich ihn bereits kannte und in der er mich als Inquisitor wegen Häresie und Hexerei verurteilte. Es ging mir jetzt zwar nicht um dieses vergangene Leben, zumal es schon lange her, vergeben und vergessen war. Aber durch diese Begegnung ausgelöst erinnerte ich mich an immer mehr aus meinen vorigen Leben. Und in jedem dieser Leben war ich überzeugt, ich zu sein, obwohl ich im nächsten schon wieder jemand anderes war. Also, wer bin ich wirklich? Und wenn ich damals das war und heute dies bin, wie lange währt meine Existenz dann eigentlich? Und wenn ich sage, ich bin André Buchheim, so ist das nicht mein Name, sondern ein Name von vielen, die man mir gab. Daraus ergibt sich für mich der Schluss, dass die sich verkörpernde Wirklichkeit nur ein vergängliches Abbild ist, das mit der wahren Wirklichkeit so identisch ist wie ein Foto von einem Berg mit dem Berg.

Um Dr. Wei noch mal zu zitieren: Zehntausend perfekte Bilder des Heiligen Berges ersetzen nicht die Pilgerschaft. Je mehr wir uns also von der Welt der Bilder, von unseren Vorstellungen, Identifikationen und Glaubenssystemen lösen, umso besser erkennen wir die Wirklichkeit. Wenn alle Annahmen, wie etwas sei, losgelassen werden, zeigt sich die letzte Wirklichkeit.

Neben diesem Identitätsdilemma stellte sich nun eine weitere Fähigkeit des Astralreisens ein, denn ich konnte plötzlich in die Träume anderer Menschen einsteigen. Zum ersten Mal gelang es mir, als ich mich wie gewohnt in der Traumphase aufweckte und von meinem Körper löste. Statt wie gewohnt auf der Astralebene umherzuwandern, kam ich in einen dunklen Raum, den ich durchschwebte. Dann sah ich weiß leuchtend eine Art Labyrinth oder den Beginn eines Ganges. Ich steuerte darauf zu und landete weich im Inneren. Von hier aus betrachtet war ich in einer Art Flur gelandet, der auf eine Tür zulief. Es kann sein, dass ich eine Weile durch die Gänge wanderte, es kann auch sein, dass es gleich hinter der ersten Tür war, jedenfalls öffnete sich ein Raum, ein ganz normales Zimmer aus weißer Energie, in dessen einer Ecke ein Freund von mir mit einer Frau eine hitzige Diskussion führte. Noch stand ich an einem Ende des Raumes, je mehr ich mich jedoch dem streitenden Paar annäherte, desto mehr nahmen die weißen Wände Farbe und Form an. Schließlich drehte sich mein Freund um und sah mich an, ich sah ihn an. In diesem Moment wurde ich in meinen Körper zurückgezogen. Interessant war unser nächstes tatsächliches Treffen, als ich ihm detailliert von seinem Traum erzählte und er bestätigen konnte, mich im Traum gesehen zu haben. Über die astrale Welt sind wir so sehr miteinander verbunden, dass der Trennungszustand, den wir alltäglich erleben, mehr und mehr als lächerliche Illusion erscheint. Irgendwann im Laufe der Entwicklung erkennen wir, dass diese kleine Identität, die körperlich hier und jetzt in Erscheinung tritt und die wir immer ach so wichtig nehmen, in Bezug zu unserer Wirklichkeit wie ein Atom in Bezug zum Universum ist. Selbst wenn wir nur von unserem persönlichen Bewusstsein ausgehen, so beträgt das Verhältnis zum Ego immer noch das des Atoms gegenüber der Größe eines Sterns. Wenn wir den Blick fest auf das richten, was in Erscheinung tritt, vergessen wir die Wirklichkeit. Lässt sich der Blick nicht mehr von den Erscheinungen beirren, ruht er auf der Wirklichkeit. Als Faustregel gilt hier: Erscheinung ist alles, was einen Beginn und ein Ende hat, die Wirklichkeit ist unbegrenzt.

Erkennen wir das, können wir mehr und mehr unser Leben an der Wirklichkeit ausrichten. Die Begrenzungen des Bewusstseins sind reine Einbildung, eine hartnäckige Fata Morgana, die dich beschäftigt, gefangen hält und beschränkt.

Als Zha und Dr. Wei sich aus meinem Leben verabschiedeten, hielt mich nicht mehr viel in Berlin, und irgendwann entschloss ich mich, nach Dresden umzuziehen. Dr. Wei sollte mein letzter großer Lehrer sein, zumindest auf menschlicher Ebene. So begann ein neues spannendes Kapitel meines Lebens.

 *Lehren*

Handle aus den richtigen Motiven und finde Wahrheit

»Wer sich selbst befiehlt, ohne zu gehorchen, ist ein Narr. Wer sich selbst befehlen und gehorchen kann, ist ein Meister. Wer der Liebe Befehl folgt, ist ein Heiliger. Wer des Egos Befehl folgt, dient den Dämonen« ist eine Lehre von

Dr. Wei. Der erste Typus ist der, der viel erzählt, wenn der Tag lang ist, aber nie das tut, was er sagt. Der Drahtseilakt, der nötig ist, diese Diskrepanz zu überwinden, kostet viel Energie und ist Kennzeichen des Narren. Beim zweiten Typus sind Wort und Tat eins, damit ist er ehrlich und authentisch. Hier kommt es auf die Worte und Taten an, welchen Wert das hat, aber man weiß, woran man ist. Jemand, der erfüllt von echter Liebe handelt, heilt sich und den Planeten durch sein Dasein. Und das mit dem Ego ist einleuchtend. Wer nur sich selbst folgt, dreht sich im Kreis. Harmonie entsteht nicht durch Mitfließen, Mitlaufen und Mitmachen, es geht darum, selbst Harmonie zu sein und den eigenen Einfluss auf das Gesamtsystem geltend zu machen. Einfließen statt eingreifen als Ideal. Gewinne an Einfluss.

Wahres Licht blendet nicht. Wenn jemandem das Augenlicht genommen wird, so sagt man, er wurde geblendet. Lügen nennt man auch Blendwerk. Doch das Licht der Wahrheit ist frei, es öffnet die Augen und hebt den Schleier vor der Wirklichkeit. Spiritualität als Wahrheitssuche.

Achte das Knochen-Prinzip: Vor allem die Geduldsphasen, in denen es gilt, unbeirrt dranzubleiben. Dann folgt am Ende die Belohnung durch neue Erkenntnisse und das Erreichen eines neuen Status oder Stadiums. Alles hat seine Zeit in dieser Welt.

Nutze Imagination und Fantasie. Sie sind dem logischen Verstand gleichberechtigt, vor allem sind sie die wirklichen Beweger im Innen. Visualisiere dein Ziel, bitte mehrere Instanzen ins Boot und lasse die Liebe der Schlüssel deiner Magie sein.

Bewusstseinsstand: *sich selbst erkennen*

Ich fühle mich gelöster, freier, stärker. Ich benötige dennoch einen geschützten Rahmen, um mich zu öffnen und zu zeigen. Ich baue zu mehr Menschen und leichter Vertrauen auf. Ich suche die Erfahrung und probiere mich aus.

Je ganzer ich werde, desto offener zeigt sich auch die Freundlichkeit der Welt. Mein inneres Licht ergänzt nicht nur die Wahrheit, es erforscht sie und passt sich ihr an (statt die Wahrheit den eigenen Überzeugungen anzupassen). Das ist der Zustand der Anerkenntnis.

Strukturell und systemisch, sich beobachtend, sich enttarnen, des Pudels Kern finden. Nur wer sich beobachten kann, ohne Lob und Tadel, wer einfach nur verstehen will, wie er tickt, wie sein System aufgebaut, programmiert ist und funktioniert, der erkennt sich selbst.

Selbstbeherrschung als Haltung, das ist, wenn das Selbst herrscht und das Ich dient. Wer sich beherrscht, beherrscht das Universum. Auseinandersetzung mit Macht. Das machtvollste Bewusstsein ist ein liebendes. Strebe nie nach Macht über etwas, sondern übe deine Macht im gerechten Mit-Sein. Teile die Macht, und sie wird sich potenzieren. Funken ungenutzten Potenzials findest du überall um dich und in dir. Werde zum Befreier des Lichts, und du befreist deine göttliche Schöpfungsmacht. Selbstbeherrschung geht jedoch nie mit der Unterdrückung von Gefühlen einher. Herrschaft wird von Weisheit bestimmt, nur der Tyrann will unterdrücken. Wir bestimmen nur die Bahn, in welcher sich der Fluss konstruktiv erschafft.

Übungen

Visualisierung für mehr Selbstbestimmtheit

Hierbei geht es darum, die inneren und äußeren Sinne, die sinnliche Wahrnehmung und vor allem die Vorstellungskraft zu trainieren. Die Übung ist ein Klassiker. Du kannst jedes beliebige Lebensmittel verwenden, ich erkläre dir die Übung am Beispiel eines Apfels.

Setze oder lege dich bequem hin und komme in einem leicht entspannten Zustand bei dir an. Versuche dir nun einen saftigen Apfel vorzustellen. Es ist gleichgültig, ob er auf einem Tisch liegt oder vor dir schwebt. Halte das Bild einige Zeit stabil. Wenn du abschweifst, lasse die ablenkenden Bilder los, in denen du dich gerade befindest, atme tief durch und kehre entspannt zum Apfel zurück.

Ist deine Imagination stabil, gehe den nächsten Schritt. Gehe alle deine Sinne durch. Beiße vom Apfel ab, spüre den Widerstand zwischen den Zähnen, schmecke die fruchtige Säure und rieche den Duft. Höre das Knacken und Krachen des Apfels, wenn du hineinbeißt. Nimm den Apfel in deiner Vorstellung in die Hände, fühle ihn.

Komm nach einiger Zeit wieder zu dir zurück. Variiere die Übung mit verschiedenen Lebensmitteln, nutze deine Fantasie und baue deine Imagination aus. Nimm auch mal ein Lebensmittel, das du gar nicht magst, und beobachte deine Reaktionen. Mit der Zeit sollte deine Vorstellung immer klarer, stabiler und komplexer, vor allem aber von dir bestimmt sein.

Es ist ein Zeichen der Herrschaft, zu bestimmen, wohingegen der Sklave bestimmt wird. Wir lassen uns zu häufig bestimmen, statt selbstbestimmt zu sein. Je mehr man sich bei einer solchen Übung ablenken lässt und abschweift, umso fremdbestimmter ist man. Wer bestimmt, ob und was du denkst, fühlst und tust? Die Übung trainiert damit auch die Kraft der Selbstbestimmtheit und zeigt deinen diesbezüglichen Entwicklungsstand des Bewusstseins auf.

Innere Lichtfunken befreien, Glück und Freude finden

Diese Übung habe ich aus der klassischen Kabbala abgeleitet. Dort gibt es die Legende, dass am Beginn aller Zeit ein Gefäß zu Bruch gegangen sein soll, welches angefüllt war mit göttlichem Licht und Schöpferkraft. Diese Funken göttlicher Inspiration wurden mit dem Urknall im gesamten Universum verteilt. Unsere Aufgabe ist es nun, dieses Licht zu finden und zu befreien. Je mehr lichtvolles Potenzial von uns bewusst freigesetzt wird, umso mehr Glück und Freude lassen sich verwirklichen.

Auch in uns selbst gibt es solche Funken ungenutzten Potenzials. Also lasst uns auf die Suche danach gehen und inneres Licht befreien. Die Übung hat mir sehr geholfen, von der Identifikation des Egos loszulassen und mich mehr mit dem Licht zu identifizieren. Sie stärkt zudem die eigene Schöpferkraft.

Gehe in einen leicht entspannten Zustand und lenke deine Aufmerksamkeit nach innen. Sieh hin, womit du im Moment identifiziert bist, welche Gedanken und Gefühle dich bewegen. Lasse los und lasse deinen Fokus in den Herzraum hineinsinken. Hier angekommen identifiziere dich mit dem Licht, das im Innersten deines Herzens ist. Denn nur, wer mit Licht identifiziert ist, vermag es, das verborgene Licht zu identifizieren. Durch Identifikation zieht es dich förmlich zum Licht. Greife nicht lenkend ein, lasse den Fokus vom Licht angezogen sein.

Sobald du einen Lichtpunkt gefunden hast, nutze deine Imagination, betrachte dir seine Situation, öffne, befreie, gib dem Licht Raum. Befreites Licht steigt auf. Kehre nach einiger Zeit entspannt in dein Alltagsbewusstsein zurück. Betrachte, wie sich diese Übung auf deinen Alltag auswirkt. Versuche regelmäßig, Licht in dir zu befreien und aufsteigen zu lassen. Denn freies Potenzial drängt auf Verwirklichung.

Reinigung der Umwelt

Die nächste Übung lehrt uns, dass es in der Spiritualität nicht um das Nehmen, sondern vielmehr um das Geben geht. Führe diese Übung ruhig häufiger durch. Und rege Leute an, mitzumachen.

Suche dir einen Ort in der Natur aus, gerne einen Kraftplatz, aber auch ein Stadtpark ist dazu geeignet. Nimm Müllbeutel, Handschuhe und alles mit, was du zum Reinigen benötigst. Setze den Platz nun zurück in seinen ursprünglichen Zustand, reinige ihn. Eine reine Seele sorgt für die Reinhaltung der Natur. Halten wir die Umwelt sauber, reinigt dies auch unsere Seele. Nachdem die äußere Ordnung wiederhergestellt ist, wenden wir uns der inneren zu.

Wir kombinieren nun die Erdakupunktur mit der Befreiung des Lichts. Keine Angst, du musst keine Holzstämme in den Boden rammen, es geht auch anders. Stellt euch im Kreis auf, wenn du allein bist, stelle dich bequem hin. Schließe die Augen, öffne dich deinem inneren Raum, betritt die geheime Kammer des Herzens und nimm innere Verbindung zur Umgebung auf. Befreie nun Licht in dir und um dich, lasse dieses Licht aufsteigen und sich sammeln. Du kannst zwar bestimmt auch in der Umgebung viel gespeichertes Licht befreien, der richtige Effekt aber tritt nur zutage, wenn du dem Platz Licht von deinem Licht schenkst.

Hat sich genügend Licht in der Atmosphäre gesammelt, konzentriere es in deiner Mitte, aber nicht zu einem Punkt, sondern zu einer riesigen Säule oder Nadel. Je mehr du das Licht konzentrierst, desto gleißender wird es werden und desto geladener ist die Nadel.

Ist die Energie auf das dir mögliche Maximum komprimiert, versenke die Konstruktion möglichst mittig im Boden. Verbinde die Landschaft mit diesem Punkt und gestatte jedem Punkt, sich so viel Licht zu entnehmen, wie er benötigt. Eine solche Nadel enthält genügend Energie für Wochen oder Monate, um die Harmonie des Ortes von innen zu stützen. Ist dies getan, kehre langsam in dein Alltagsbewusstsein zurück und entsorge den Müll fachgerecht.

Diese Übung verbindet meine Seele mit der Kraft eines Ortes. Durch das Schenken von Licht und materieller Reinigung kann ich meinen spirituellen und ökologischen Fußabdruck verbessern, die Erde wird mir mehr zur Geliebten.

~~~~~~~ *Quanten-Essenz* ~~~~~~~

Wiederkehrende Realitäten sind exakter Spiegel meines Inneren und Folge meines Wollens und Handelns. Sie sind Ausdruck meiner Muster und Programme. Gefällt mir, was ich sehe, muss ich nichts ändern. Gefällt es mir nicht und beschwere ich mich über die Realität, sollte ich mich ändern.

Dem Himmel lauschen – Channeling

In Dresden angekommen galt es, sich erst einmal neu zu orientieren. Zwar lernt man nie aus und sollte auch nie aufhören, Neues dazuzulernen, doch hatte ich das Gefühl, meine Lehrzeit sei um. Zumindest menschlich folgte nach Dr. Wei kein Lehrer mehr, und in den folgenden Jahren wendete ich das bisher Gelernte an und perfektionierte mein Können.

Für einen Freund erlernte ich eine geistige Technik, bei der man durch das Öffnen eines Kanals eine Verbindung zu Wesen der geistigen Welt herstellt, das sogenannte Channeling. In Ermangelung eines Lehrers hierfür kam mir Irisiana, eine Elfe, zu Hilfe. Sie ging in mich ein, weitete und öffnete den Kanal und nahm schließlich in mir Platz. Da sie noch nie in einem menschlichen Körper gewesen war, fand sie diesen Zustand sehr interessant. Vor allem die Geschmackswahrnehmung über die Zunge faszinierte sie, denn Elfen schmecken ganzkörperlich, sie haben keine klar voneinander differenzierten Sinne. Ihre Wahrnehmung ist also ähnlich wie unsere, wenn wir im Astralkörper riechen. Irisiana setzte mich hin und bat mich, mit dem Zentrum meines Bewusstseins unterhalb des Zwerchfells zu verharren. Dann verließ sie meinen Körper. Es kam etwas von Oben, es fiel wie in mich hinein, hielt sich in mir fest und übernahm die Führung meiner oberen Körperteile. Plötzlich öffnet sich wie von selbst mein Mund, und ich hörte mich selbst sagen: »Hier spricht Akollon, ich grüße dich, was kann ich für dich tun?«

Akollon stellt sich als ein Heiliger der Bäume vor, dessen letzte Inkarnation um das Jahr 550 v. Chr. in Griechenland war. Hier erlebte er das Wachstum der antiken Städte mit und auch, wie Bäume dafür weichen mussten. Er war Priester des Apollon im Tempel, zog sich aber später aus der Stadt und von dem Amt zurück. Seine Aufgabe ist der Schutz der Bäume und Wälder und die Heilung der Natur. Und nun hatte er entschieden, wieder Menschen Rat zu erteilen, denn es war der Mensch, der den Bestand des Waldes gefährdete. Aber genauso wird es auch der Mensch sein, der die Welt heilen und zurück ins Gleichgewicht bringen wird.

Mein erstes Channeling dauerte vielleicht zehn bis fünfzehn Minuten, ich war danach schweißgebadet und hatte Hunger wie nach einem tagelangen Marsch ohne Essen. Mit der Zeit wurden die Channelings länger und fielen mir leichter, aber die anschließenden Heißhungerattacken habe ich ab und an heute noch.

Akollon blieb nicht der einzige Meister, mittels Channeling kontaktierte ich viele Wesen auf verschiedenen Ebenen. Dabei hängt die Qualität des Channelings sehr vom Entwicklungsstand des Channels ab. Je mehr man noch in seinen Vorstellungen verhaftet ist, umso mehr mischen diese sich in die Information ein und verfälschen diese, ein solcher Widerspruch kann sogar die Verbindung unterbrechen.

Für mich war es anfangs etwas gewöhnungsbedürftig, wenn das jeweilige Wesen auf eine Frage hin eine vollkommen anderslautende Antwort gab als die, die ich erwartet hatte. Wie würdet ihr reagieren, wenn ihr euren Mund etwas sagen hört, was der Verstand leugnet? Ich lernte daraus, dass ich weder meinem Verstand noch meinen Gefühlen oder Überzeugungen trauen kann. Egal was kommt, es kann genauso gut richtig sein, wie es in die Irre führt. Glaube nicht blind deinem Verstand und folge nicht blind deinen Gefühlen. Hinterfrage alles im Sinne eines dich selbst übersteigenden Ideals. Blind vertrauen dürfen wir einzig echter Liebe.

Für mich war es notwendig zu lernen, nicht zu widersprechen. Denn wer im Widerspruch ist, dient dem Widersprecher, der dunklen Seite. Widersprüche sind sichtbare Fehler im System, die es aufzulösen gilt. Sie sind Zeichen des Konflikts, in dem wir mit uns selbst stehen. Das ist etwas, was auch im Zusammenhang mit spirituellen Lehrern gilt: Nimm die Wahrheit, die dir geschenkt wird, immer erst mal an, denn was du am liebsten sofort von dir weisen möchtest, trifft meist den Nagel auf den Kopf. Überhaupt ist Kritik einem spirituellen Menschen immer willkommen, ist es doch ein Lernfeld, welches wir mit Freude annehmen und bearbeiten dürfen. Wenn du dich über Kritik an dir freust, bist du schon weit fortgeschritten. Wenn du dich ärgerst oder sie gar als Angriff erlebst, ist das Ego. Darum schaue auch immer in spirituellen Gemeinschaften, wie dort mit Kritik umgegangen wird. Ein Meister fühlt sich von Kritik nie angegriffen, im Zweifelsfall kann er heftig über sich selbst lachen.

Mit der Zeit ging ich dazu über, die Verbindungen über das Channeling nicht nur für einzelne Menschen herzustellen, sondern für ganze Gruppen. In Einzelsitzungen waren die Wesen eher zurückhaltend und beantworteten meist exakt die Fragen, die ihnen gestellt wurden. Und zwar genau so, wie sie gestellt wurden, wodurch man sehr gut lernen kann, an Klarheit zu gewinnen. Im Gruppenchanneling hingegen gibt es ein meist von der geistigen Welt vorgeschlagenes Thema, über welches referiert wird und bei dem die Gruppe im Anschluss die Möglichkeit hat, offene Fragen zu stellen und zu klären.

Die verborgene Weisheit des Schutzengels

Um mich weiterzuentwickeln, zog ich mich immer öfter gezielt von der Welt zurück. Mein erstes längeres Exerzitium gestaltete ich nach dem Buch »Abramelin«. Allerdings hatte ich nur die vereinfachte Form des Ritus zur Verfügung, die 1957 von Richard Schikowski herausgebracht wurde. Streng genommen war es ein Hinweis Karl Spiesbergers, der mich ermunterte, mich auch mit den alten Zauberbüchern zu beschäftigen, wobei er namentlich nur den »Schlüssel Salomons« und das »Abramelin« erwähnte. Letzteres ist verfasst als ein Testament des Abraham von Worms an seinen zweitgeborenen Sohn, dem er seine in Ägypten von dem Weisen Abramelin übertragenen Weihen und Riten der göttlichen Magie übermittelte. Das ursprüngliche Werk fußt auf vier Teilen. Im ersten erfährt man Einblicke in die Reisen Abrahams, der zweite Band enthält verschiedene magische Rezepte, im dritten ist der Ritus an sich beschrieben, und der vierte schließt mit verschiedenen Siegeln und Zhalenquadraten für magische Zwecke ab. Die Schikowski-Ausgabe entstand als eine Übersetzung der englischen Ausgabe des Magiers Samuel Lidell MacGregor Mathers, der wiederum seine Version aus einer verkürzten französischen Textfassung hatte, die ihrerseits eine Übersetzung einer ursprünglich deutschen Abschrift war. In der Schikowski-Ausgabe fehlte ein gesamtes Buch, es schlichen sich Fehler ein, der Einweihungsritus wurde von anderthalb Jahren auf ein halbes Jahr gekürzt. Ich entschied mich, die dämonologischen Elemente zu ignorieren und den Ritus auszuführen, um mich Gott anzunähern und einen besseren Kontakt zu meinem Schutzengel herzustellen. Das war mein Glück, denn selbst große Magier wie Aleister Crowley sind an dem Ritus zerbrochen, ich glaube, wegen der mangelnden Vorbereitung in der gekürzten Fassung. Durch die historischen Berichte gewarnt, hatte ich zwar großen Respekt vor diesem Unterfangen, ließ mich von meinem Vorhaben aber nicht abbringen. Gegen Ende des halben Jahres, in welchem man fastet, betet und meditiert, aber auch aufgefordert ist, heilige Bücher zu lesen, sowie immer wieder bestimmte Rituale vollführt, geschah es nun, dass ich von einem heiligen Ernst ergriffen wurde. Ich sah, wie es Licht um mich war, und spürte, wie Wärme mich durchströmte. Ich blickte nach oben und sah Licht über Licht, ich schaute nach unten und wurde der lauernden Finsternis gewahr. Doch mein Schutzengel hielt mich, ich war mitten in ihm, er ummantelte mich mit goldener Energie, erhob mich und war eins mit mir.

Während ich bei den bisherigen Methoden immer die Vereinigung eines Wesens mit mir erlebte, in der das Wesen in mir Platz nahm, hatte ich nun das Gefühl, ich stiege auf und würde in den Körper meines Schutzengels eingelassen. Alles leuchtete golden, es lag ein weihrauchähnlicher und doch ganz anderer Geruch in der Luft, um mich herum herrschte überwältigender Klang von Myriaden von Stimmen und in mir absolute Stille. Die Stille breitete sich aus, und der Gesang der himmlischen Chöre verstummte. Da war eine Stimme, sie rollte hin und her, war mal in mir und mal um mich, sie klang wie Donner und sprach: »Fürchte dich nicht, denn ich bin bei dir, und der Herr ist mit uns. Und siehe, sprach der Herr, ich werde einen Künder und Tröster schicken in der Zeit, da die Verwirrung am größten ist. Drum wandle entschlossen und aufgeschlossen auf dem Pfad des Lichts und der Erkenntnis. Im Vertrauen offenbart sich der Lebendige. Löse dich und sei frei, diene dem Leben, denn nur wer offen ist, erfährt Offenbarung. Liebe ist der Schlüssel, der alle Tore öffnet, auch das des Himmels.«

Mit diesen Worten setzte mich der Engel wieder sanft im Raum ab, doch blieb etwas von dem Licht um mich und etwas von der Atmosphäre der Heiligkeit in mir. Weiterhin schien Öffnung also ein zentrales Thema auf meinem Lebensweg zu sein. Am Ende des Ritus offenbarte sich mir die Grundstruktur aller Dinge im Universum, der Himmelskristall, der alle Informationen der Schöpfung enthält. Diese Grundstruktur kannte ich bereits auch als Magen David, das Hexagramm, die Hagal-Rune, in entfalteter Form auch die Blume des Lebens oder das Merkaba-Fahrzeug genannt. Ein Meister dieser Energie kann alle Dinge in ihren harmonischen Urzustand zurücksetzen. Das kommt mir bei der Wasser- und Landschaftsbelebung zugute, der Kristall ist jedoch auch eine gute Schnittstelle zur Quantenkommunikation mit den verschiedensten Welten.

Zeitgleich baute ich während der Ritus-Phase meine Reisefähigkeiten aus, indem ich Stück für Stück die sieben Planetensphären oder Himmel durchwanderte. Hier halfen mir die schon erwähnten Schlüssel Salomons, aber auch auf Keilschrifttafeln überlieferte babylonische Riten. Gerade letztere sind ausgesprochene Reiseriten, man öffnet Stück für Stück die Tore und reist in die jeweilige Sphäre. Da ich mich ohnehin mit den sieben Planetensphären befasste, begann ich nun auch mit der Hermetik zu experimentieren.

Der Schlüssel für Goldene Zeiten

Die Alchymie ist ein umfassendes okkultes Einweihungssystem, das den Praktizierenden Stück für Stück erleuchtet, indem er sein Blei erkennt und es in Gold verwandelt. Das Blei ist hierbei Symbol für das Gift des Egoismus, die Sturheit, Starre, Unbeweglichkeit und den Schaden, den wir für uns und unsere Umwelt verursachen, sobald wir vordergründig den Nutzen für uns selbst und das Eigene fokussieren. In diesem Sinne sprechen einige Alchymisten auch von »unserem« Blei, Quecksilber usw., um es von den äußeren Elementen abzugrenzen. Es geht also nicht darum, einen Klumpen Blei äußerlich in Gold zu verwandeln, sondern uns selbst umzuwandeln. Die Alchymisten schreiben jedem Metall, jedem Element geistig-emotionale Inhalte zu. Der Transmutationsprozess, die innere Verwandlung, wird je nach Methode in sieben bis zwölf Schritten vollzogen, wobei jeder Schritt als Teil des persönlichen Wandlungsprozesses gesehen wird, und die allegorischen Beschreibungen der einzelnen Teile sind jeweils auch Hinweis für die richtige Behandlung bestimmter Anhaftungen, die auf diesem Weg sichtbar werden. Ziel all dieser Bestrebungen ist aber nicht das Gold an sich, sondern der Stein der Weisheit, der die Verwandlung erst ermöglicht. Er ist der Gral der Alchymie. Stein ist hier auf das Element Erde und feste Stabilität bezogen. Wer den Stein hergestellt hat, steht also fest verankert in der universellen, göttlichen Weisheit. Sinnbild hierfür ist Sophia: Sie ist Göttin der Weisheit, die weibliche Erscheinungsweise des Heiligen Geistes und gilt in den Geheimwissenschaften allgemein als Symbol der Weisheit. Durch diese mystische Berührung mit der Sophia verwandelt der Alchymist alles in Gold, womit er in Berührung kommt, wie damals König Midas. Im Gegensatz zu Midas erzwingt der alchymistische Zauber jedoch nichts, sondern ist lediglich ein Angebot zur Wandlung.

Die sieben alchymistischen Schritte und die magische Arbeit an den sieben Planetensphären lassen sich hervorragend miteinander verbinden. Zusammen mit den sieben Chakren sind sie der wesentliche Kern höherer Einweihung. Es sind sieben Zwiebelschalen, die es systematisch zu lösen gilt, über sieben Brücken geht man im Lied und wird siebenmal zu Asche verbrannt, um einmal die wirkliche Auferstehung zu erleben. Wie der Vogel Phoenix verbrennen wir so die sieben Ebenen des Egos, um aus der Asche neu und strahlend zu erstehen. Und dieses Licht, diese heilende Essenz, die wir so gewinnen, benötigen wir nicht mehr für uns, sondern wir verteilen diesen Segen für die Welt. Alchymie ist ein Schlüssel zu goldenen Zeiten.

Letztlich führen alle Wege, alle Magie, Mystik und Alchymie, alle echte Esoterik, die okkulten Wissenschaften und auch die großen und kleinen Religionen ins Licht, und führen sie dort nicht hin, dann sind es Irrwege. Aber selbst die schlimmste Irrung und Wirrung des Menschen kann überwunden werden, wenn er sein Leben der Liebe zur Formung überlässt. Es ist dann aber viel Arbeit notwendig, diesen Weg zu gehen und das Licht zu unterstützen. Sind wir aufs Licht fokussiert, wird jeder Weg, den wir gehen, lichtvoll sein. Und dient unser Handeln nicht dem Licht, dient es der Finsternis, dazwischen gibt es nichts. Nur wer Licht und Dunkelheit klar unterscheiden kann, kann sich gefahrlos in dem Graubereich aufhalten, solange die Bindung an das Licht bestimmend ist. Ansonsten rutscht man ab.

Man darf auch nicht vergessen, dass der spirituelle Weg einem Drahtseilakt gleicht. Das Drahtseil ist die Liebe, sie führt uns über den Abgrund in sichere Gefilde und eine lichtvolle Zukunft.

Natürlich können Spiritualität und Magie auch zu eigennützigen Zwecken eingesetzt werden, nur dann ist alles um uns eben düster-schwarz. Viele Menschen halten dies dennoch für weiße Magie, da es auch hier darum geht, sich wohlzufühlen. Die Wege, die dem Menschen richtig und gut dünken, führen meist mitten hinein in die Hölle – im übertragenen Sinne, als dass wir damit die Hölle auf Erden holen, wie auch im Wortsinn, indem wir uns damit an die Dunkelheit binden.

Sprengung der Saturn-Fessel

Ein Beispiel dafür, wie tief man sinken kann, ist meine vorerst letzte Begegnung mit der Stasi. Welch außergewöhnliche Karrieren doch so möglich sind, davon berichtet dieses Beispiel, wobei ich ehrlicherweise sagen muss, dass ich diese Informationen nur gerüchteweise von Dritten gehört habe. Der Mann hieß Mario oder Marco, ob echter Name oder Pseudonym, weiß ich nicht zu sagen. Er soll in den 1950ern wahlweise im Zittauer Gebirge oder im Erzgebirge geboren worden sein. Seine Ausbildung erhielt er in Dresden, danach ging er zur Hauptverwaltung Aufklärung nach Berlin. In den 1970er- und 1980er-Jahren war er in der Volksrepublik Benin stationiert, um dort die Verteidigungskräfte auszubilden, Aufstände in den Nachbarstaaten zu unterstützen und mit Waffen zu handeln. Gegen harte Devisen versteht sich. Sein Einflussbereich zog sich über Togo nach Ghana, welches er mindestens zweimal besuchte, bis nach Nigeria. Bei diesen Besuchen lernte er die einheimischen Religionen und vor allem die indigene Magie kennen. Als nun der Ostblock kollabierte, war ihm seine Machtbasis entzogen. Irgendwann tauchte er dann in Dresden wieder auf und begann, mit einem afrikanisch inspirierten schwarzmagischen Kult Leute um sich zu scharen. Ob es wirklicher Voodoo war oder irgendein anderer westafrikanischer Kult oder eine synkretistische Mischung, ich weiß es nicht sicher zu sagen. Wie bei seiner Hintergrundgeschichte bleibt einiges rätselhaft. In dieser Gruppe wurde häufig auch mit Voodoo-Puppen gearbeitet. Ich weiß, dass diese Puppen eine typische Verknüpfung sind, sie kommen aber in der Realität des Voodoo nur höchst selten vor, wenn, dann auch eher in den amerikanischen Strömungen, nicht im jamaikanischen oder westafrikanischen Voodoo.

Unabhängig davon entfaltete diese Magie ihre Wirkung, und es dauerte nicht lange, bis sie sich an ihren Grenzen mit bereits bestehenden Gruppen rieb, besonders mit einem chaosmagischen Kreis und einem kabbalistisch angehauchten Orden. Der Kreis um Mario wollte die absolute Macht und begann nun, einen magischen Konflikt nach dem anderen auszulösen, wovon auch Freunde von mir betroffen waren.

Kurz nach diesen Angriffen beendete ich meinen Planetensphären-Zyklus durch das Sprengen der Saturn-Fessel. Als Saturn-Fessel bezeichnet man in der okkulten Tradition das, was tief verborgen in deiner Wurzel sitzt und dich an die Welt bindet. Solange diese Aufgabe nicht im Kern, von der Wurzel aus, erledigt wurde, sind wir durch den Saturnengel an die Vergänglichkeit gebunden. Löst man diese zentrale Bindung, ist man im Kern frei, neue Wege zu beschreiten. Oder kann bewusst die alten, die sich bewährt haben, erhalten und ausbauen.

Die Sprengung der Saturn-Fessel bringt mit sich, dass man mit dem Astralleib die Sphäre der Sieben verlässt und frei im Raum schwebt. Das Gefühl, außerhalb des Lebenssystems in den Bereich des Göttlichen oder der Ewigkeit vorzudringen, ist schwer zu beschreiben, wenn man es nicht selbst erlebt hat.

Das mit der Lösung einhergehende Anwachsen von magischer Kraft wollte ich zudem nutzen, um meinerseits unter Zuhilfenahme göttlicher Energie, die ich in den Stasi-Voodookreis einzuspeisen gedachte, wenigstens energetisch für etwas Gerechtigkeit zu sorgen. Also bereitete ich alles vor, Räucherungen wurden gemischt, eine Bleiplatte gegossen und mit dem Saturn-Quadrat bzw. dem Torsiegel versehen. Das Ritual begann wie gewohnt, wir entschieden uns für die Heidenschanze als Austragungsort, der Altar wurde errichtet, Schutz- und Bannkreis gezogen, und irgendwann ging es los, das Bewusstsein löste sich vom Körper und begab sich auf die Reise, das Bleisiegel fest in der rechten Hand haltend. Die Saturn-Sphäre öffnete sich mir in düsteren, schwarzgrauen Farben. Ich betrat diese Welt der Stille und bleiernen Schwere. Es ist, als ob man durch besonders starke Gravitation auf dem Boden gehalten wird, obwohl man abheben möchte. Schließlich kamen die Wächter in Form von zwei Skorpion-Menschen. Ich hatte erwartet, dass sie sich mir in den Weg stellten, doch nichts dergleichen geschah, ganz im Gegenteil, sie waren ausgesprochen freundlich und führten mich auf dem Weg. So kamen wir schließlich in einer zerklüfteten Landschaft, wie aus Onyx und Obsidian geformt, an. Hier führte ein schmaler Pfad durch eine natürlich gewachsne Gasse, und ich musste aufpassen, denn die Kanten der Steine waren scharf wie Messer. Schließlich kamen wir in ein rundes Tal, durch das nur dieser eine schmale Pfad hinein- und wieder zurückführte. In diesem Tal stand ein Turm, schmal, schwarz, rau, ca. 40 Meter hoch, ohne Fenster und mit einem extrem schmalen Eingang. In ihn, so bedeuteten mir die Wesen, sollte ich hineingehen. Das Siegel, welches ich immer noch in der Hand hielt, machte den engen Zugang nicht weiter, also quetschte ich mich hinein. Kaum drinnen angekommen, verschloss sich der Zugang lautlos, und ich war Gefangener der Enge und Dunkelheit. Und während ich zu Beginn bequem in dem Raum stand, wurde es nun immer enger, dunkler und lautloser. Ich spürte die Wände näher kommen es war, als ob der Turm sich anschickte, die verschluckte Beute zu verdauen.

Plötzlich musste ich an Karl Spiesberger denken. Gerade die Saturn-Magie hatte es ihm angetan, weshalb er auch mit Meister Gregor A. Gregorius die bis heute existierende magische Vereinigung »Fraternitas Saturni«, die Bruderschaft des Saturn, gründete. All das Wissen, das er mir über Sprengglyphen vermittelt hatte, fiel mir wieder ein. Sicher kein Zufall, und ohne groß darüber nachzudenken, ob das jetzt richtig sei, begann ich, Sprengglyphen in die Wände zu übertragen und aufzuladen. Und, oh Wunder ohnegleichen, die Rechnung ging auf, und der Turm zerbarst in tausend Teile. Doch nicht nur er, auch mich zerriss es. Als würde ich in Nichts gelöst. Der Zustand war gar nicht unangenehm, und ich hätte mir vorstellen können, einfach loszulassen und zu verlöschen.

Aber irgendwo gab es noch eine Frequenz in mir, die mich daran erinnerte, dass es noch eine höhere Aufgabe zu erledigen galt. Ich wurde mir gewahr, dass ich die Bleiplatte nicht mehr in Händen hielt. Ich konzentrierte also meine Identität, um nicht ganz zu zerfließen, und sah plötzlich in einiger Entfernung frei im Raum schwerelos die Siegel-Platte schweben. Darauf konzentrierte ich nun meinen Geist und spürte, wie sich meine Atome um die Platte sammelten, und je näher mein Bewusstsein der Platte kam, umso mehr setzte sich mein Körper spürbar zusammen, bis er wieder ganz da war und ich die Platte in Händen hielt. Nun sah ich, dass sich die Platte von ihrer ursprünglich bleigrauen Gestalt in einen klaren, goldenen Handspiegel verwandelte, von dem ein immer stärkeres Strahlen ausging. Dies erhellte meine Umgebung. Ich sah die Trümmer des Turmes um mich im Raum fliegen, und dort, wo der Turm gesprengt worden war, klaffte nun ein schwarz-violett strahlender Spalt in Raum und Zeit. Diesen peilte ich an, den Spiegel vor mich haltend, und stürzte zurück zur Erde. Ich sah, wie ich mit dem hell glühend-strahlenden Spiegel in den Voodoo-Kreis stürzte, was einen grellen Lichtblitz auslöste. In diesem Moment fiel ich mitten in meinen Körper hinein, hörte noch ein dumpfes Poltern und fand mich dann betend vor dem Altar auf der Heidenschanze wieder.

Dies leitete das Ende dieser Voodoo-Gruppierung ein, die Struktur zerfiel, die Mitglieder flohen förmlich, die Macht des Mario oder Marco war gebrochen, und angeblich zog er sich in seine ursprüngliche Herkunftsgegend zurück.

Nach diesem Erlebnis vertiefte ich meine Studien wieder mehr, beschäftigte mich mit den jüdisch-christlichen Wurzeln und Mythen, den historischen Entwicklungen des alten Orients und Ägyptens, las die Schriften der Sufis, Kabbalisten und Gnostiker. Sehr zum Leidwesen meiner Schüler, denn in dieser Zeit brauchte ich Ruhe und Konzentration und war dementsprechend nach außen recht zugeknöpft.

Nach meinem asiatischen Ausflug durch Dr. Wei war die Beschäftigung mit der altorientalischen Geschichte eine Rückkehr zu den Wurzeln des Abendlandes, wobei sich auch die heidnische Wurzel Europas stärker zeigte als je zuvor. Dadurch rückte ich insgesamt wieder näher an Karl Spiesberger heran. Denn es offenbarte sich mir auch der Runen Born. Bis dahin waren mir Runen immer recht machtvoll, aber auch irgendwie sperrig erschienen. Eines nachmittags, ich war zu Besuch bei meinem Vater, meditierte ich, als ich plötzlich mit meinem Bewusstsein in eine Art Kanal gezogen wurde, durch den ich schwebte. Dabei tauchte eine Rune nach der anderen auf, ich durchwanderte ihre Sphäre, und sie teilte mir mit, wer sie war und was sie konnte, ganz so, als würde jede Rune eine Persönlichkeit besitzen. Es offenbarte sich aber das sogenannte ältere Futhark mit 24 Buchstaben, nicht das von Spiesberger vertretene System mit 18 Buchstaben.

Die Zeit der Zurückgezogenheit versuchte ich anschließend wieder auszugleichen. So gestaltete ich mit meinem langjährigen Schüler und Freund Sven eine Seminarwoche in Norwegen. Diese möchte ich hier hervorheben, weil sie zeigt, dass die Naturgeister, denen ich so viel zu verdanken habe, weiterhin in meinem Leben aktiv waren. Wir waren eine Woche lang zu Gast im Sommerhaus eines Bekannten, welches auf den Gipfel eines Berges gebaut war. Doch war der Fels unter uns nicht tot, sondern von einem Troll bewohnt. Dieser wurde über 1000 Jahre lang von keines Menschen Auge wahrgenommen und war es also nicht gewohnt, gesehen zu werden. Dennoch liebte er es, auf sich aufmerksam zu machen, vor allem, da er sich in der Deckung wähnte. Nun aber wurde alles, was er tat, registriert. Aufgrund schlechter Erfahrungen mit Menschen war er zunächst etwas vorsichtig. Als wir ihm aber Nahrung zu Verfügung stellten, fasste er Vertrauen und machte sich nun umso deutlicher bemerkbar. Eines Abends sprang, tanzte und trampelte er so kräftig über das Dach, dass das gesamte Haus unter jedem seiner Schritte erzitterte. Es war eher ein Ausdruck der Freude, als um uns Angst zu machen. Diese Wesen sollten uns selbstverständliche Freunde und Nachbarn sein, mit denen wir Umgang pflegen. Kommunikation ist alles. So könnten sie unser Handeln besser nachvollziehen, und wir würden durch die Beschäftigung mit dem Naturbewusstsein unser Handeln automatisch umweltverträglicher gestalten.

Der Nornen Schicksalsoffenbarung

Der vorläufige Höhepunkt meiner rituellen Arbeit war jedoch ein Seidhr-Ritual zur Beschwörung der Zeitebenen und Schicksalsmächte. Soweit ich mich entsinne, war dies ein gegenseitiger Wunsch, sowohl meine Schüler, ich und auch die Nornen waren bereit. Ich wählte nur die Form des Rituals und das mythologische Kleid aus. Für mich ging es um direkte Erfahrung und Austausch mit diesen Ebenen, meine Schüler wollten etwas über ihr Schicksal und ihre Bestimmung herausfinden. Auch in seiner einfachsten Form ist dieses Ritual recht aufwendig und wird im Freien vollführt. Ein Freund aus Leipzig stellte hierfür seinen Garten zu Verfügung. Hier waren wir in einem geschützten Rahmen, es gab einen Unterstand mit Feuerstelle, und der für das Ritual benötigte Hochsitz war aufgebaut. So trafen wir uns am Abend der Wintersonnenwende. Die Nornen sind die nordischen Schicksalsmächte, ähnlich den Parzen und Moiren der römisch-griechischen Mythologie. Für gewöhnlich werden sie in der Reihenfolge Urd, Verdandi und Skuld vorgestellt, bei mir wichen sie jedoch davon ab. Die gewöhnliche Reihenfolge ergibt sich aus ihrer Erwähnung in der Edda, ist aber verfälscht. So, wie sie sich mir vorstellten, entspricht es eher den Vorstellungen unserer Ahnen. In der Literatur ist die Reihenfolge aber durcheinandergeraten. Urd ist das altnordische Wort »Urdhr« und bedeutet Schicksal, das Vorbestimmte, das, was vorher schon da war, das Ererbte, das, was du mitbringst in dieses Erdenleben oder dir gegeben wird. Ihr gegenüber steht die andere, Verdandi: das, was aus dem vorher Daseienden wird, das Werdende, das Entstehende. Als Drittes verknüpft Skuld, die Schuld, diese beiden Enden der Vergangenheit und der Zukunft. Im Gegensatz zu dem in Zukunft Werdenden und dem aus der Vergangenheit Seienden, worauf wir keinen direkten Einfluss haben, wird Schuld erworben. Schuldig heißt in diesem Fall einfach nur, ursächlich verantwortlich sein. In diesem Sinne kannst du genauso eines Verbrechens wie der Rettung eines Menschenlebens schuldig sein, Schuld wird also vollkommen neutral gebraucht. Je nachdem, wie wir in der Gegenwart in unserer Verantwortung stehen, unser Erbe gut zu verwalten und für die Zukunft das Beste zu erschaffen, oder wir unser Erbe verschleudern und die Zukunft damit zerstören, stehen wir im positiven oder im negativen Sinne in der Schuld. Skuld meint auf der persönlichen Ebene dasselbe wie der indische Begriff Karma. Mit unseren Taten machen wir uns schuldig an dem, was aus dem wird, was wir vorfinden. Egal welche Konsequenz das hat und ob wir diese überblicken oder nicht, wir werden genau die Ernte einfahren, die unserem Schuldsein entspricht, denn Schulden müssen immer ausgeglichen werden. Schuld passt hier auch deshalb so gut, weil wir mit unserer Gegenwart bereits mit dem ersten Atemzug etwas von dieser Welt verbrauchen und somit Schulden machen. Spirituell betrachtet ist es sinnvoll, sein Leben so zu führen, dass man der Welt etwas zurückgibt, um nicht dem Leben gegenüber in Schuld zu stehen. Und eigentlich ist dies sogar unsere Pflicht dem Leben gegenüber. Wer nur nimmt, ohne etwas Entsprechendes zurückzugeben, ist ein Schmarotzer. Mag sein, dass er sich auf der Gewinnerseite wähnt, doch wehe, wenn ihn die Konsequenz seiner Schuld im Werdenden gegenübertritt. Letztlich ist der Egoist wie ein Wurm, der sich unbemerkt selbst verschlingt und dabei glaubt, sich vom anderen zu nähren. Wir sollten Guthaben erschaffen, statt aus Schuld zu leben.

Ich bestieg also den Hochsitz, bewaffnet mit Trommel, Runenbeutel und Zauberstab. Ich begann, mich in Trance zu trommeln und zu singen. Meine Freiseele begab sich auf Wanderschaft, vielmehr sank sie wie ein vom Baum abgeworfenes Blatt im Herbst vom Hochsitz hinunter zu den Wurzeln, die sich schlangengleich unter mir bewegten und nach oben strebten, um meinen Körper zu übernehmen. Noch während meines Gesanges stieß ein erster Blitz vom Himmel, es stürmte, gewitterte und regnete in Strömen. Zum Wetter passend war die Kraft der Nornen – dominant und urgewaltig. Das war ein etwas anderes Kaliber, als es die meisten Teilnehmer erwartet oder bisher erlebt hatten. Entgegen meiner persönlichen Gewohnheiten wurde hier recht deutlich die Hierarchie klargestellt. Friss oder stirb, Menschlein, was rufst du uns auch wach aus unserem Schlaf, wenn du mit der Macht nicht umgehen kannst. Schicksal ist keine Wahl, sondern zwingende Notwendigkeit. Nimm es an und zwing die Not in die Knie, lehne es ab, und die Not zwingt dich in die Knie.

Während das Gewitter über unseren Köpfen seine Kraft entlud, sank ich weiter und tiefer hinab, und in den Schlingen der Nornen wurde es stiller und stiller. Es war, als schliefe ich kurz ein. Als ich wieder erwachte, sah ich mich umgeben von sich bewegenden, schwarzen Kraftströmen, die ansonsten unserem Auge unsichtbar als dunkle Materie alle Welt halten und bewegen. Wie schwarze Schlangen glitten sie dahin, sich verschlingend und umschlingend, zusammenfließend und auseinanderziehend, mal groß und gewaltig wie ein Drache, dann klein und dünn wie ein Haar, ein Gewühl von Gewürm, mit dem gemeinsamen verflochtenen Leib die Wurzel des Weltenbaumes bildend. »Das ist das berühmte Gewebe der Nornen«, hörte ich unvermittelt eine Stimme sagen, »und das ist Urdas Brunnen, dem alles entsteigt, der alles nährt und zu dem alles wird.« Mitten in dem schwarzen Gewühl wurde ein blauer Punkt sichtbar, der näher kam. Es war unser Planet, der mitten im schwarzen Nichts, gehalten nur vom Gewebe des Schicksals, wie eine blaue Perle schwebte. Plötzlich begriff ich, dass die Namen Urda und Erde wortverwandt sind. Die Erde, die vor uns da war, ist die Norne, sie ist unser Schicksal, welches wir zu dem formen, was wird. Und das ist unwiderruflich oder zwingend, wie es die Nornen ausdrückten, Schicksalszwang. Wahr ist aber auch, dass wir nicht gezwungen sind, dieses Schicksal zu erwählen, wir können auch ein anderes Szenario erschaffen. Wir sind dem Schicksal nicht ohnmächtig ausgeliefert, denn wir gestalten es mit jeder Tat jeden Tag mit. Und aus dieser Verantwortung kann niemand fliehen, man kann ihr nur gerecht werden oder nicht – mit den jeweiligen Folgen. Wir sollten dringend aufhören, so zu tun, als wären wir unserem Planeten nicht verpflichtet. Wir sind es, und zwar mehr als unserem persönlichen Wohl! Denn unsere Hinterlassenschaft ist unsere Schuld, die kommende Generation jedoch muss das als gegeben hinnehmen, was wir jetzt gestalten. Für den, der in hundert Jahren geboren wird, ist die Zerstörung bereits da, nicht abänderbare Realität, mit etwas Glück hat er noch das Potenzial, etwas dagegen zu unternehmen, mit hoher Wahrscheinlichkeit aber wird er in seinem kurzen Leben nur ums Überleben kämpfen. Oder wird er in eine hochtechnologische Welt geboren, in der die Menschheit in liebevoller Kooperation miteinander ihren Planeten verwaltet, neu begrünt hat und den Frieden wahrt? Egal, welche Variante es wird, wir sind schuld daran, wir Heutigen! Was wir jetzt in Urdas Brunnen werfen, das werden die Kommenden zu verdauen haben.

Über sechs Stunden saß ich auf dem Hochsitz und ließ die Schicksalsbestimmerinnen durch mich der Menschen Los besprechen. Nach einer für mich unbestimmbaren Zeit ging der letzte Ratsuchende, die Nornen entließen mich. Dann kam ich zu mir zurück, berappelte mich und krabbelte mühsam nach langem Sitzen in luftiger Höhe hinunter. Im Unterstand angekommen ließ der Regen nun langsam nach. Meine Schüler saßen zwar in der wohligen Wärme des Feuers und schlürften heißen Met, dennoch froren sie, während mir, der ich aus Regen und Kälte kam, im Inneren siedend heiß war. Jeder hatte sein Geschenk bekommen, wusste nun um seine Herkunft und Zukunft und was notwendig war, das Jetzt zu gestalten. Nicht jeder nahm es gleichermaßen an, doch das ist wieder jedes Einzelnen Sache, seine Entscheidung für Glück oder Leid im Erleben.

Es ist eben alles eine Sache der Perspektive. Aus menschlicher Sicht ist das, was das Schicksal uns zeigen möchte, oft hart und erscheint uns ungerecht. Aus Sicht der Nornen ist jede Offenbarung des Schicksals ein Segen. Oft machen wir unser Glück abhängig von dem, was wir wahrnehmen. Doch ist nicht die Umgebung für unser Glück verantwortlich. Wir selbst sind unseres Glückes Schmied. Es zeigt sich im Außen, was im Inneren gereift ist, und es zeigt die Zukunft, was du im Jetzt tust, ehre das Ererbte und wahre es wohl!

Offenen Herzens dem großen Ganzen dienen
Wir sollten gute Kanäle sein für die Energien von Glück, Freude und Verbundenheit in der Welt. Ein guter Kanal braucht Offenheit, denn durch ein verschlossenes Herz dringt nichts Gutes nach außen. Herz-Öffnung als Weg des Bewusstseins. Vollkommene Offenheit bedingt größtmögliche Ausstrahlung und bietet vollkommenen Schutz. Keine Mauern hochziehen, sondern Liebe ausstrahlen.

Es geht nicht um meinen Weg, meine Wahrheit oder meinen Gott, nicht um meine Überzeugungen und Vorstellungen vom Universum, sondern es geht um DEN Weg, DIE Wahrheit und DAS Leben, und an diese Punkte kommt keiner hin, außer durch das Tor des Bewusstseins. Wir folgen nicht den Pfaden des Menschen, sondern dem Weg des Himmels. Es geht in der Spiritualität nicht um mich oder darum, dass ich mich gut fühle, es geht um das Ganze und dass ich mein Ich so positioniere, dass die Welt sich mit mir wohlfühlt und ich dem Ganzen diene.

Sind wir gegenwärtig präsent, können wir uns vom Einfluss der Vergangenheit lösen. Daher gilt es, jetzt in der eigenen Schöpfung präsent zu sein. Der Welt bin ich das, was ich erschaffe. Meine Schöpfung bestimmt mein Dasein in jeder Hinsicht.

Um also nicht ständig Opfer egoistischer Fehlleistungen zu werden, gilt es, Mitgefühl und Herzbewusstsein zu entwickeln. Überhaupt erscheint es ratsam, das Leben aus dem Herzen heraus zu führen. Eine solche Haltung zu uns und zum Leben einzunehmen, ist uns inneres Bedürfnis und vernunftmäßig zu begründendes Gebot der Stunde.

Lasse das Ich in den Hintergrund treten, erst dann kann sich deine lichtvolle Persönlichkeit zeigen. Je lichtvoller du dich gestaltest, umso mehr näherst du dich dem Quantenbewusstsein an. Denn Quanten sind Licht.

Bewusstseinsstand: von Liebe durchdrungen

Mein Bewusstsein fühlt sich immer angebundener an das Oben. Die beste Verbindung zum Himmel ergibt sich aus dem Herzen. Häufig schließen wir das Herz aus, also lasst uns herzintegrierend sein. Erst wenn das Herz wieder Teil deines Lebens geworden ist, kann es zur zentralen Instanz wachsen. Ist das Herz mit Bewusstsein angefüllt, erweitern sich das Herzfeld und das Bewusstsein. Ich wachse über mich hinaus, die Begrenzung des Egos bricht auf. Das reine Sein vermittelt sich als konkrete Erfahrung im ganzheitlichen Wachsen, authentischen Werden und vollständigen Erwachen in Liebe. Liebe braucht Offenheit und Weite. Es entstehen so das integrale, holistische Bewusstsein sowie echte Selbstliebe, die das Sprungbrett in die Gottesliebe oder All-Liebe ist.

Liebe lässt mich mich der Welt zuwenden. »Ich liebe mich, und in mir ist Liebe für die Welt.« Das bedeutet das Ende des Krieges des Egos gegen sich selbst. Ein reines, annehmendes und angenehmes Bewusstsein entsteht. Liebe sucht Verbindung, sie ist verbindliche Schöpfungskraft, sie ist Wirklichkeit, weil sie wirkt. Sei nachgiebig im Leben, aber standhaft in der Liebe, so gehst du nicht fehl.

Übungen

Himmelskristall-Meditation für ein herzliches Miteinander

Der Himmelskristall repräsentiert die dem Universum zugrundeliegende innere, harmonische Struktur. Die Arbeit mit ihm ist zur Öffnung des Herzfelds und Zentrierung im Herzraum gut geeignet. In der Folge sollte eine neue Qualität der Herzlichkeit in dir und deiner Umgebung sichtbar gestaltet werden. Diese Übung bringt Struktur in meinen Energiehaushalt und kann ihn notfalls in seinen Ur-Zustand zurückversetzen. Sie ist auch mein geheimer Favorit bei Lampenfieber und Prüfungsangst, denn ich fühle mich klar und stabil sowie allem in Liebe und Licht verbunden. Stelle dich aufrecht hin und schließe die Augen. Visualisiere dich inmitten einer Säule kristalliner Lebensenergie. Siehst du dich so, erhebe deine Arme zum Himmel, imaginiere dich als einen Kelch, in den die Herzenergie des Universums einströmt. Nun senke die Arme, dass sie zwar nach unten weisen, vom Körper aber abgewinkelt sind, als ob der Kelch jetzt auf den Kopf gestellt ist. Nun strömt reine Liebe aus dir heraus in die Welt.
Zum Abschluss der Übung lasse die Arme entspannt niedersinken. Visualisiere noch einmal die gestellte Form: eine mittig stehende Säule mit einem quer darüberliegen-

den Kreuz, ein Stern aus drei Linien – sechs Arme, deren Zentrum in deinem Herzen verankert ist. Programmiere diese Struktur, die man auch Hagal-Rune oder Himmelskristall nennt, darauf, ein perfekter Ort zur Speicherung und Bereitstellung herzlicher Energie zu sein. Bitte sie, dein Bewusstsein, egal wohin es abschweift, immer wieder sanft ins Herz zu führen und dort zu zentrieren. Kehre mit einigen Tiefatemzügen in dein Alltagsbewusstsein zurück.

Energetisches Strömen entspannt und fokussiert

Eine spannende Methode ist das energetische Strömen. Es gibt verschiedene Aufbautechniken, aber eine einfache Grundübung, die dennoch viel bewirkt, möchte ich euch hier beibringen. Die Idee dahinter ist, dass der größte Teil unserer Störungen auf Starre beruht. Auch ein zu starker oder zu geringer Fluss hat Störfelder zur Folge. Diese Übung löst die Starre, lockert auf und reguliert die Fließgeschwindigkeit. Sie wirkt also harmonisierend und in die Mitte bringend. Es handelt sich dabei um eine ganz einfache Meditation. Ich empfehle, zu Beginn die Übung an sich und für sich auszuprobieren. Später kannst du dazu übergehen, andere Dinge, Menschen und Gegenstände zu durchströmen.

Erinnerst du dich noch an die Übung aus dem zweiten Kapitel, in der du dich von den Wellen des Ozeans hast sanft hin und her wiegen lassen? Genau mit dieser steigen wir ein.

Erst lassen wir unsere Bewegung von den Wellen bestimmen, doch dann gehen wir allmählich dazu über, das Wiegen und Wogen anzuregen, immer synchron mit unserem Atem. Wir üben, die Strömung auf ein Maximum zu bringen und danach den Ozean wieder bis zum Stillstand zu beruhigen. Sei vorsichtig und bewusst, lass dich nicht hinfortreißen. Dann schalten wir zu uns selbst um und atmen entspannt, ruhig und tief weiter. Es ist kein Wettbewerb, also steigere dich kontrolliert und langsam. Brich sofort ab, wenn es dir zu viel wird.

Beobachte, was die Übung bewirkt.

Meditation »Die Krönung des Lebens« –
werde Herrscher über dich selbst

Diese Übung ist Teil einer längeren geführten Meditationsreise. Sie stellt also einen Ausschnitt aus einer komplexeren Übung dar, ist aber dennoch allein für sich gestellt sehr mächtig. Sie kann in jeder entspannten Position durchgeführt werden. Die Übung hat mir nahe gebracht, dass Selbstbeherrschung der Schlüssel zum selbstverantwortlichen Schöpfungsprozess ist. Nur, wer sich beherrscht, beherrscht die Welt. Es ist wichtig, dass du in deiner Visualisierung so weit fortgeschritten bist, dass du eine komplexe Welt stabil halten kannst. Lasse vor deinem inneren Auge eine Landschaft mit Burgen und Bergen, Flüssen und Wäldern erstehen. Fokussiere dich auf den höchsten Berg in deiner Umgebung. Du stehst am Fuße des Berges und siehst einen abenteuerlichen Pfad, der in luftige Höhe führt und irgendwann im Dunst der Wolken verschwindet.

Mache dich auf, den Berg zu besteigen. Sei offen für alles, was passiert. Auf dem Weg zum Gipfel kann dir mancherlei begegnen oder du wirst in ein Abenteuer gezogen. Das zeigt, dass du diese Welt zwar herstellen und stabilisieren, jedoch nicht kontrollieren kannst. Hindernisse auf dem Weg gilt es beherzt anzugehen, allen Gewalten zum Trotz. Mancher schafft diese Übung nicht beim ersten Mal, kehre dann entspannt zurück und wiederhole die Übung bei Gelegenheit.

Auf dem Gipfel angekommen siehst du dich einer gewaltigen Festung gegenüber. Hier stellt sich die Frage, ob die Burg feindlich besetzt ist, wenn ja, wirst du dich durchkämpfen müssen. Bist du bereits Herr über die Burg, wird man dir den roten Teppich ausrollen. Ziel ist jedenfalls der Thronsaal.

Folge der Intuition, wenn du das Gefühl hast, irgendetwas genauer betrachten zu wollen oder beispielsweise einen Raum betreten zu müssen, dann mache das. Alles hier repräsentiert einen gewissen Teil deines Lebens und könnte wichtige Informationen enthalten.

Doch irgendwann solltest du dich von diesen Eindrücken nicht mehr ablenken lassen. Schließlich hast du ein klares Ziel vor Augen: die Krönung deines Lebens, die vollkommene Herrschaft, der König deiner selbst zu sein. Also verlässt du nun die Räume und gehst auf dem Gang in Richtung Thronsaal. Und scheue dich nicht, jemanden nach dem Weg zu fragen. Schließlich gelangst du zu einem großen, hölzernen Tor. Entweder wird es dir geöffnet, oder du musst es aufstoßen, je nach Entwicklungsstand wirst du das Ego oder die Weisheit auf dem Thron sitzend vorfinden. Die Weisheit wird dir freiwillig den Thron überlassen, vom Ego musst du ihn dir erkämpfen. Erst wenn der Thron frei ist, kann der letzte Schritt erfolgen. Dieser besteht in den Feierlichkeiten zu deiner Krönung. Rufe alle deine inneren Instanzen, Helferkräfte und Facetten deiner Persönlichkeit zu dir in den Thronsaal. Dann schwöre der Weisheit ewige Treue und beteuere, in jeder Situation ihrem Rat zu folgen. Beuge vor ihr die Knie, und sie wird dir die Krone des Lebens aufsetzen. Besteige nun den Thron deiner neuen Herrschaft über dich selbst. Alle Instanzen beugen alsdann die Knie vor dem in höherer Weisheit gereiften Selbst. Nun sage, welchen Sinn du deinem Leben verleihen möchtest, und befiehl all deinen Instanzen, in diesem Sinne am Guten, Wahren und Schönen schöpferisch mitzuwirken. Kann auch dein Ego sich dazu verpflichten, sei es begnadigt, doch mache ihm klar, dass es unter Beobachtung steht und auf Bewährung ist. Weigert es sich, so sei es ausgestoßen und geächtet, bis es sich dem Lebenssinn unterstellen mag. Dann jage es, wenn auch schweren Herzens, vom Hof, doch sei dir des Wiedersehens im Licht bewusst. Und befiehl, jede Instanz möge liebevoll mit ihm umgehen, niemand darf dem Ego ein Haar krümmen. Feiere ausgelassen mit allen Übriggebliebenen deine neue Selbstherrschaft.

Rufe dir nun langsam wieder den Ort ins Bewusstsein, an welchem dein Körper ruht, nimm ein paar tiefe Atemzüge und komme ganz bei dir an. Mache dir gegebenenfalls Notizen.

Da du dich als edel erwiesen und viele Abenteuer bestanden hast, kannst du deine Krönung nun auch mit Speis und Trank feiern. Es ist nicht zu unterschätzen, wie viel Energie eine solche Meditation verbraucht. Außerdem erdet Essen und Trinken, bringt uns in die Realität. Nahrung ist ein Segen, den wir zu uns nehmen, um die Welt zu segnen.

Quanten-Essenz

Die Aufgabe des Ichs ist die Hingabe ans Selbst. Es geht nicht um das Eigene. Tritt, Ich, zurück in mich, und überlass der höh'ren Führung Raum.

Die Suche nach dem Glück – Quantenfeld und Schöpferkraft

Wie im vorherigen Kapitel bereits angedeutet, folgten auf Dr. Wei und Zha keine weiteren Lehrer. Es ist aber auch nicht Aufgabe, ein Leben lang Schüler zu sein – auch wenn das Lernen nie aufhört –, sondern stattdessen irgendwann selbst zum Lehrer zu reifen und das, was man bekam, veredelt weiterzureichen. So werden neue Schüler die neuen Lehrer der Menschheit. Ich begann also, die Lehre auszuarbeiten und Jahresseminare zu geben, um neben Beratungen die Menschen mehr auf dem spirituellen Weg zu begleiten, was auch eher meiner Bestimmung entspricht.

Spiegelungen unseres Empfindens

Wenn ich in jener Zeit Lehren erhalten habe, dann durch die geistige Welt, Engel und aufgestiegene Meister sowie durch mein weites Studium, das ich jetzt um die Themenfelder Glück, positive Psychologie, Quantenphysik, Neugeist und neue Esoterik erweiterte. Der Film »What the Bleep do we (kn)now?!«, der Selbsthilferatgeber »The Secret«, Autoren wie Eckart Tolle, Rüdiger Schache und N. D. Walsch, sozusagen die Erben der klassischen Mystik, sorgten für Furore, und in meinen Jahresseminaren vermittelte ich das Wissen um das Glück, die Magie, die Alchymie, die Heldenreise des Tarot oder die Befreiung der inneren Schöpferkraft. Die Erfahrung in dieser Zeit machte mir immer deutlicher, dass unsere Gefühle nur persönliche Antworten auf bestimmte emotionale Felder sind. Diese Felder befinden sich außerhalb von uns in ständiger Wechselwirkung. Je nachdem, wie unsere emotionale Reaktion ausfällt, wie wir uns also fühlen, färbt das die emotionalen Felder um uns entsprechend ein. Es findet eine tägliche, vierundzwanzigstündige Kommunikation statt, unsere Persönlichkeit befindet sich in stetigem Austausch mit ihrem Umfeld. Dabei regt das Umfeld emotionale Reaktionen an, wir aber geben ihnen die Prägung, die konkrete Ausgestaltung. Wir speisen also über unsere Gefühle Energie in unser Umfeld und gestalten es damit. Auch Gedanken haben Macht, doch Bilder und Emotionen sind wesentlich machtvoller, da sie unmittelbar den Gestaltungsprozess des Universums bestimmen. Das heißt, was wir fühlen, zeigt sich auf der Leinwand unseres Lebens. Was wir sehen, sind Spiegelungen unseres Empfindens. Bilder und Emotionen werden auch von dem uns umgebenden, schöpferischen und intelligenten Quantenfeld empfangen und verarbeitet. Dabei zählen jedoch nicht die oberflächlichen Gefühle und Gedanken, die unkontrolliert kommen und gehen und von denen sich der oberflächliche Mensch bewegen lässt, sondern die Gefühle und Gedanken am tiefsten Grund sind hier ausschlaggebend. Unsere innere Einstellung, unsere Haltung und Position. Sie bestimmt, ob wir ein Engel auf Erden sind oder ein Dämon, ob wir Glück erschaffen oder Unglück. Hier stellt sich die Frage: Wie (oder vielmehr wer) bist du? Und wie willst du sein?

Wir bezeichnen häufig für uns positive Lebensumstände als Glück, doch in Wirklichkeit ist unser Glücksempfinden von den äußeren Umständen vollkommen unabhängig. Nicht mein Umfeld ist für das Glück verantwortlich. Es geht dabei um Haltung, nicht um eigenen Genuss. Wenn Glück etwas ist, was man persönlich für sich genießen möchte, ist das Egoismus. Erst wenn ich bereit bin, auf eigenes Glück zu verzichten, um Glück für die Welt zu erschaffen, bin ich auf dem richtigen Pfad.

All diese Dinge, Glück, Freude und Wohlbefinden, werden gemindert, sobald ich sie für mich erschaffe und genieße. In der Spiritualität geht es nicht um mein Glück, sondern um das der Welt. Und ist die Welt glücklich, dann kann ich frei und ohne schlechtes Gewissen an diesem Glück teilhaben und meinen Anteil annehmen. Vorher hat es den schalen Beigeschmack der Ablenkung, der Betäubung und des Schmarotzertums und enttarnt sich damit als Ego.

Es stellt sich die Frage, hat ein lächelnder Wolf ein Lächeln, dem man vertrauen sollte, oder bleibt er immer noch ein Wolf, den es zu meiden gilt? Die meisten folgen hier ihrer inneren Stimme oder ihrem Gefühl, was ebenso eine Ego-Identifikation sein kann wie die mit den Gedanken oder dem Besitz. Ich wiederhole: Darum geht es nicht!

Dies zeigen auch Forschungsergebnisse: Nachhaltig glücklich macht nur jenes schöpferische Verhalten, bei dem es keinen Eigennutz gibt, also der Altruismus. Auch hier erweist sich das Eigene als trügerische Illusion, die von der Wahrheit des Ganzen ablenkt. Dennoch glauben die Vertreter des Weltbildes, dem es nur um das eigene Glück geht, »ganzheitlich« zu handeln. Klar, es geht ja auch um das ganze Glück für mich. Das eigene Glücksempfinden unabhängig von den Umständen zu gestalten, ist auch für den spirituellen Weg wichtig, denn Kritik ist notwendig, um Erkenntnis zu erlangen. Dabei behaupten nicht wenige Esoteriker, Kritik sei etwas Schlechtes, weil sie das Glück mindere. Ich sage: Wenn eine Kritik dein Wohlgefühl mindert, bist du im Ego. Löst sie jedoch die Freude des Erkennens der Wahrheit aus, so bist du auf dem Pfad der Wahrheit. Solange ich glaube, es ginge um mein Glück, führt uns das ins Unglück.

Zu unterscheiden ist Glück von Glückseligkeit. Glück ist ein zumeist temporärer und von den Umständen abhängiger Zustand, der genauso vergänglich ist wie das Leid, das ihm unmittelbar anhängt. Dem Glück nicht hinterherzurennen und doch glücklich zu sein, das kennzeichnet den Zustand der Glückseligkeit. Sie ist ein Kraftreservoir für unsere Schöpfung, das unvergänglich ist und nicht von äußeren Bedingungen abhängt. Sie entsteht, indem man sein Tal der Tränen nicht mehr zugunsten kurzlebigen Wohlfühlens verdrängt, sondern hinschaut und es mutig durchschreitet. Das wahre Glück wartet immer auf der anderen Seite des Tals. Besäßest du es schon, wärest du erleuchtet. Wer aber Erleuchtung will, muss das dunkelste Tor in der dunkelsten Stunde an der dunkelsten Stelle durchschreiten. Wer sich seiner Dunkelheit nicht stellt, findet das Licht, den Ausgang, nie. Dort, wo es wehtut, bricht das Licht durch. Unsere Wohlfühlzone ist immer Teil der Illusion, und sie wird geschützt durch die dicken Mauern und Panzerungen des Egos. Solange wir nicht erleuchtet sind, sind wir dort, wo wir uns wohlfühlen, falsch. Es sei denn, wir wollen in die tiefsten Tiefen der Hölle, dann ist das Wohlfühlen der richtige Pfad. Ich sage damit nicht, dass du dich unwohl fühlen musst, um auf dem Weg zum Licht zu sein. Ich sage nur, dass du nicht auf diesem Weg bist, solange du deinem Gefühl oder etwas anderem, was mit dir zu tun hat, folgst. Denn dann folgst du nur dir selbst, deinem Ego. Und auch die Illusion, in der du dich wohlfühlst, ist nur eine Illusion. Spiritualität ist aber die Suche nach Wahrheit. Und harte Arbeit am eigenen Selbst.

Eine der beliebtesten Floskeln der Egoteriker, um von eigener Verantwortung abzulenken, ist »Und, wie fühlst du dich dabei?« Ein Beispiel, welches mir im Alltag oft begegnet und welches nahezu jeder kennt, auf der einen oder der anderen Seite, ist folgendes. Und es ist nur ein Beispiel, das stellvertretend für eine bestimmte Geisteshaltung steht. Ich stehe also im Bio-Markt an der Kasse, vor mir zwei Damen. Während bei der ersten die Einkäufe bereits über den Scanner gezogen werden, fällt der Dame vor mir ein, dass sie etwas vergessen hat, sie rennt noch mal durch den Laden, die Hälfte ihrer Einkäufe schon auf dem Band, die andere noch im Einkaufswagen. Die erste Dame bezahlt. Die Verkäuferin beginnt daraufhin, die nächsten Waren einzuscannen, während ich den Einkaufswagen nach vorne schiebe. Irgendwann segnet Madame uns doch noch mit ihrer Anwesenheit, wirft die restlichen Waren aufs Band und beginnt einzupacken. Alle Waren sind gescannt, der Preis verkündet und ... sie packt und packt und packt. Die Verkäuferin trommelt schon nervös mit den Fingern auf der Kasse herum, da fällt der Dame ein, dass ihr Portemonnaie ja im Einkaufsbeutel ist, und zwar unter den Einkäufen ganz untendrunter. In aller Ruhe werden die Waren wieder ausgepackt, um den Geldbeutel zu angeln. Doch wird dieser erst mal zur Seite gelegt, um in aller Ruhe die Waren wieder in den Taschen zu verstauen. Erst dann öffnet sie die Geldbörse, nur um nun festzustellen, dass die Barschaft nicht reicht, sodass nun nach der Geldkarte gekramt wird, die im anderen Beutel ist. Als nun endlich der Bezahlvorgang starten kann, frage ich höflich, ob sie denn merke, dass sie den Verkehr aufhalte. Antwort: »Und, wie fühlst du dich dabei?«

Hier unterbrechen wir die Geschichte, um sie bis dahin zu analysieren. Sie kann als gutes Gleichnis dienen, um auch andere Ebenen des Egoismus besser zu verstehen. Man mag einwenden können, dass es doch nicht so schlimm sei, aber das ist nicht der Punkt. Es geht nicht um die äußere Erscheinung, sondern um die Haltung. Und die Frage, was sich aus dieser Haltung schöpft beziehungsweise was in der Welt aus dieser Haltung entsteht. Es geht nicht um die entstandene Verzögerung. Und gibt es für solch Verhalten einen triftigen Grund, zum Beispiel eine körperliche Beeinträchtigung oder auch ein weinendes Kind, hat man Verständnis und kann das nachsehen. Nur der Egoist regt sich in solch einem Fall auf, wenn es etwas länger dauert. Es zeigt, dass nicht die oberflächliche Erscheinungsweise über die Wahrheit im Kern der Dinge entscheidet. Es mag sein, dass auch der Egoismus eine Behinderung ist, im Gegensatz zu einem Rollstuhlfahrer aber eine selbst gewählte von der man jederzeit ablassen könnte, um sie bewusst durch liebevolleres Verhalten zu ersetzen.

Sollen wir also, um des Friedens willen, die Klappe halten und alles ertragen, was Egoisten so den lieben langen Tag tun, um Schaden zu verursachen? Wenn wir weiter deren Opfer sein wollen, dann könnten wir so handeln. Der spirituelle Mensch ist aber der Wahrheit und der Erkenntnis verpflichtet. Streng genommen hat er keine andere Wahl, als diese Chance zu nutzen und dem Gegenüber Einsicht zu schenken. Schließlich liegt es nicht in der Verantwortung des spirituellen Menschen, ob sich der Egoist der Erkenntnis öffnet oder verweigert.

Die selektierten Wahrheiten der Egoisten

Auch im Umgang mit der Wahrheit zeigt sich ein wesentlicher Unterschied zwischen dem Egoisten und dem spirituellen Menschen. Der Egoist selektiert zwischen Wahrheiten, die ihm genehm sind, seinen Vorstellungen entsprechen und ihn bestätigen, diese sind ihm hochwillkommen und versetzen ihn in einen emotionalen Glücksrausch. Dabei nimmt er es mit dem Faktengehalt nicht so ernst. Hingegen werden Wahrheiten, die für ihn schmerzhaft sind, seinen Vorstellungen nicht entsprechen und ihn widerlegen, gemieden wie das Weihwasser vom Teufel. Ihnen wird von vornherein die Faktizität abgesprochen. Dies führt einerseits zu dem Phänomen, dass Egoisten viel lügen und die Wahrheit nur im Munde führen, wenn es ihnen etwas bringt. Andrerseits sind sie anfällig für jede Lüge und Schmeichelei, redet man ihnen nach dem Munde, so kann man sie in jeder Form betrügen und manipulieren.

Der spirituelle Mensch hingegen selektiert die Wahrheit nicht, weder sind ihm schöne Wahrheiten besonders willkommen oder lösen erhöhte Glücksgefühle aus, noch mindert eine unangenehme Wahrheit die Glückseligkeit oder würde Ablehnung erfahren. Jede Wahrheit ist ihm gleichermaßen willkommen.

Daher gehen beide auch anders mit Kritik um, die ja, wenn sie berechtigt ist, wahr ist, und ist sie nicht berechtigt, brauchen wir nicht darauf zu reagieren. Um dies aber herauszufinden, gilt es, die Kritik erst einmal offen anzunehmen und auf Wahrheitsgehalt zu prüfen. Für den spirituellen Menschen wird jedwede Kritik als Mittel der Erkenntnis willkommen sein. Ganz im Gegensatz zum Egoisten.

Er wird seinem Kritiker immer die schlechtesten Motive unterstellen und die Kritik als Angriff werten. Klar, anders würde er es selbst ja auch nicht machen, Wahrheit ist für den Egoisten ein Mittel, andere zu verletzen oder zu erpressen. Der Egoist kann sich ein spirituelles Verhalten überhaupt nicht vorstellen, in seiner kleinen, armen Welt existiert so etwas nicht. Wer selbst schlecht ist, kann nicht anders, als dem anderen Schlechtes zu unterstellen. Da der spirituelle Mensch sich tagtäglich mit seinem Ego auseinandersetzt, kennt er den Ego-Modus sehr wohl. Das Enge fasst das Weite nicht, das Weite umfasst das Enge.

Dem Egoisten ist Kritik gefährliche Wahrheit, sie lässt ihn nicht mehr so bösartig handeln, wie er es will, darum wird sie bekämpft. Die Wahrheit ist noch gar nicht ausgesprochen, geschweige denn im Hirn des Egoisten angekommen, da folgt auch schon das »Nein ...« oder das »Ja, aber ...«. In jedem Fall wird sofort von sich abgelenkt, die eigene Unschuld beteuert, auf dem eigenen Richtigsein und Rechthaben bestanden, böse sind immer die anderen. Die Rechtfertigung des Fehlverhaltens und das Schönreden sind die Schilde, an denen das Ego jede Kritik abprallen lässt, meist am Ende mit der Erkenntnis, dass man so ist, wie man ist, und der andere dies zu akzeptieren hat. Doch ist das die Wahrheit?

Das Ego neigt durch seine drei Wurzelgefühle zu drei Verhaltensmustern: das absichtliche, das unachtsame und das gewohnte Fehlverhalten. Egoismus kann also definiert werden als eine Verhaltensstörung oder ein Haltungsschaden, der die Harmonie des Ganzen systemisch und systematisch zerstört. Ein Störenfried im wahrsten Sinne des Wortes.

Auch im obigen Beispiel wird mit dem Satz: »Und, wie fühlst du dich dabei?« die Erkenntnis der Wahrheit sofort zurückgewiesen. Das eigene Verhalten ist in Ordnung, die Störung sitzt dort, wo sie sich auswirkt. Meine wahrheitsgemäße Antwort »Wie das Opfer eines Gewalttäters, das ordentlich in die Fresse bekommt und dann mit der Frage verhöhnt wird, wie es sich dabei fühle« wird von ihr als weiterer Angriff gewertet, und die Dame beginnt, mich anzuschreien und zu attackieren. Da aber sowohl die Kassiererin als auch die Kunden hinter mir sich jetzt ebenfalls gegen sie wenden, verlässt sie zeternd und einen Tisch umtretend den Laden.

Das Ego will weder erkennen, welchen Schaden es anrichtet, noch möchte es sich dabei stören lassen. Andrerseits können wir als spirituelle Menschen den Schaden nicht mehr hinnehmen, den Egoismus weltweit anrichtet. Der Egoist tut dabei immer so, als hätte er ein Recht, anderen zu schaden, und wenn ihn jemand darauf hinweist, so ist dieser der Böse, weil er ihm die Freiheit nicht lässt. Wird der Egoist ertappt, rechtfertigt er sein Verhalten oder zeigt mit dem Finger auf andere. Und alle und alles müssen sich ändern, nur er selbst natürlich nicht, dieser Nabel der Welt, diese Sonne, um die sich alles dreht.

Um den Egoisten zu identifizieren, muss man die Sache immer ganzheitlich betrachten. Nehmen wir das Beispiel des Bio-Ladens, so gibt es darin einen Fluss der Energie, wir kennen das aus dem Feng-Shui. Derjenige, der sich der Ganzheit verbunden fühlt, wird bewusst versuchen, harmonisch mitzufließen, und den natürlichen Fluss unterstützen. Der Egoist wird diese Harmonie stören und den natürlichen Fluss hemmen oder übermäßig beschleunigen. Weil er nicht in seiner Mitte ist, neigt er dazu, alles andere auch aus seiner Mitte zu reißen. Vergleichen wir es mit einem Wasserverlauf, errichtet der Egoist einen Staudamm, und wenn rundherum alles überflutet wird, ist natürlich nicht der Staudamm die Ursache der Katastrophe. Nein, das Wasser ist schuld, was fließt es da auch lang, wo der Egoist mit seinem Schadenstrieb waltet? Die Welt hat gefälligst auf ihn Rücksicht zu nehmen. Auf die Idee, der Welt gegenüber Rücksicht walten zu lassen, kommt der

Egoist nicht. Verrückt, oder? Und dennoch hält der größte Teil der Menschheit dieses Verhalten für normal und verteidigt es sogar noch als gesund.

Spirituelle Menschen sind aufgefordert, solche Verhaltensstörungen zu erkennen und abzustellen. Alles, wo wir zum Ganzen im Widerspruch stehen, ist symbolisch für den Widerspruch in uns, Freiheit aber erfahren wir, wenn wir mit dem Ganzen übereinstimmen, denn nur dann funktionieren wir widerspruchsfrei. Und es geht nicht darum, für die Ganzheit optimal zu funktionieren, sondern in ihrem Sinne schöpferisch tätig zu sein.

Bleibt noch die Frage zu klären, ob man um des Friedens willen in solch einer Situation schweigen sollte. Wir hatten ja oben bereits die drei Grundmuster egoistischen Verhaltens erwähnt, dieses Beispiel entspricht dem unachtsamen Verhalten, jener Dauerdämmer, in welchem man sich selbst als Zentrum des Universums wähnt. Machen wir die Egoisten also ehrlich auf ihren Zustand als Systemfehler aufmerksam, schenken wir ihnen die Möglichkeit, daran etwas zu ändern und aufzuwachen. Gott setzt dich in die Rolle des Aufklärers. Lehnst du das ab, um dem Konflikt auszuweichen und den Scheinfrieden zu wahren, so bist du mitverantwortlich für alles, was in der Folge aus dem Dämmerzustand heraus passiert. Sollte die Dame demnächst in ihrem Ego-Wahn ein Kind überfahren, weil sie weiterhin vor sich hin dämmert, so klebt dessen Blut karmisch auch an deinen Händen. Da wir in dieser Komplexität nicht wissen können, was passieren wird, sollten wir unseren Anteil tun und die Wahrheit repräsentieren, wo sie sich zeigen möchte. Denn wenn der Frau die

Wahrheit gesagt wird und sie sich danach entscheidet, weiterhin unachtsam zu bleiben, und es geschieht ein solcher Unfall, bist du zumindest nicht mitschuldig. Als spirituelle Menschen stehen wir in voller Verantwortung für das Geschehen auf dieser Welt. Und der, der die Harmonie der Ganzheit stört, weil sein Bewusstsein so eng ist, dass nur er selbst darin Platz findet, ist die Ursache, der Systemfehler und bedarf der Behandlung, nicht der, bei dem sich die Störung im Außen negativ auswirkt. Wir sollten Täter und Opfer nicht verwechseln. Ein Fehler, der nicht als solcher benannt werden darf, wird nicht erkannt und wirkt weiter, wird schlimmer und schlimmer, bis er das System ganz zerstört hat. Du sollst den faulen Apfel nicht verurteilen. Aber er ist von der gesunden Ernte zu isolieren, bevor er sie verdirbt. Dieser Vergleich hinkt allerdings etwas, schließlich sind wir lebendige Systeme, die sich vom Zustand der Fäulnis wieder erholen können, was dem Apfel verwehrt ist.

Sich selbst zu wichtig zu nehmen gilt dem spirituellen Menschen als Systemfehler. Aber kein Außenstehender ist in der Lage, ihn zu beheben. Das kann jeder nur selbst bei sich tun, und zwar freiwillig. Doch wie kommt man an diesen Punkt?

Nun kommen wir wieder zum Glück und der Glückseligkeit. Nur wer das Glück der Welt im Fokus hat, kann Glückseligkeit ernten. Sie entsteht aus der Haltung des Altruismus, des Mitgefühls und der liebevollen Verbundenheit. Meidung von Kritik ist jedenfalls nicht der Weg, und auch Selbstkritik ist für das spirituelle Vorankommen wichtig. Wir sind weder frei darin, böse sein zu dürfen, noch schränken wir Freiheit ein, wo wir das Böse im Zaum halten. Unsere Freiheit heißt Pflicht – Pflicht zur Wahrheit, Pflicht zur Liebe, Pflicht zur Welterhaltung usw. Wahrhaft frei sind wir nur, wenn wir uns der Herrschaft der Liebe unterstellen. Denn mit Liebe ist die Pflicht leichte Selbstverständlichkeit und vollkommene Erfüllung.

Es geht um unsere gemeinsame Zukunft, die Zukunft unserer Kinder und Kindeskinder sowie das Leben auf unserem Planeten. Dabei sollten wir nicht zu kurz denken. In die Welt, die wir jetzt zerstören, werden wir wiedergeboren. Es macht also keinen Sinn, im Namen der Freiheit auf den Egoismus zu bestehen, zumal es das Ego ist, das uns unfrei macht. Ein Egoist, der Freiheit im Munde führt, verteidigt nur sein Gefängnis.

Wie gehen wir mit der typisch egoistischen Renitenz der Wahrheit gegenüber um? Wir isolieren den Egoisten in seiner Lüge, indem wir uns seinem Einfluss entziehen. Soll er machen, was er will, wir stehen gemeinsam ein für die Neue Zeit und handeln demgemäß. Diese gemeinsame Ebene ist es, die es zu nähren gilt. Wir sind in der Welt für die Welt, unser persönliches Glück ist dabei nicht wichtig, vielmehr die Glückseligkeit, die echte Freude, die entsteht, wenn man zum Gelingen des großen Werks etwas beiträgt – zum Wohle aller.

Schwierig wird es dann, wenn jeder sein Stück vom Kuchen fordert, sich aber niemand fürs Backen verantwortlich fühlt. Und so wie der Kommunismus wird auch der »Konsumismus« zusammenbrechen müssen. Eigene Bescheidenheit ist der Schlüssel zum Glück aller. Jenes Glück aber, welches dem eigenen Besitze anhängt, entpuppt sich bei näherer Betrachtung als Illusion. Weder macht Besitz glücklich noch Armut unglücklich. Das Ego aber braucht Besitz, um seinen inneren Mangel zu verbergen. Einst war es Teil der Ganzheit, jetzt jedoch hält es sich strikt vom anderen getrennt. Jedoch nicht, ohne dass dieser Mangel sich zu brennendem Neid, Gier und Eifersucht aufschwingt. Da das Ego das Ganze nicht sein will, sein Fehlen jedoch als Mangel empfindet, will es wenigstens das Ganze besitzen. Besitz soll Sein ersetzen. Ich bin, was ich habe, und habe ich nichts, bin ich ein Habenichts. Doch vermag nichts Materielles, nichts Vergängliches diesen Hunger je zu stillen. Und egal wie viel der Egoist besitzt, das Glück flieht ihm, weil er aber das Glück nicht besitzen kann, darf das auch kein anderer. Also beginnt er, das Glück und die Harmonie des Ganzen zu stören und zu zerstören. Er stößt mit seinem Verhalten das Glück von sich und missgönnt es jedem anderen. Das größte Glück, dessen ein solcher Mensch noch zu empfinden vermag, ist das Gefühl des Triumphs und der Macht über andere, auch wenn dies mit dem Gefühl der Niederlage und Ohnmacht einhergeht. Wenn er sich jetzt wohlfühlen kann, ist ihm das Unwohlsein, welches er woanders erzeugt, egal. Er hat nur die eigenen Vorteile im Blick. Und am Ende geht das Ich im Gefühl der Trennung unter, es ist nicht eins mit sich, hat sich von seinem Umfeld losgesagt, es fürchtet sein Umfeld und mehr noch die Konfrontation mit sich selbst. In dieser tiefsten Einsamkeit und Verzweiflung vegetiert es dahin und stirbt. Oder wird ermordet, weil andere nach seiner Macht, seinem Reichtum gieren. Denn das Ego braucht andere Egoisten als Verbündete, die es für die eigenen Zwecke einspannt, doch am Ende werden sie sich gegeneinander wenden. Jeder Tyrann kennt die Angst vor Verrat, sie verfolgt ihn, solange er sich selbst verraten hat.

Echtes Glück aber ist ein zwischenmenschliches Gefühl, es entsteht und besteht in den Beziehungen, die wir pflegen. Sein Ursprung ist der Zwischenraum, der in der Praxis der QuantenMagie eine große Rolle spielt. Es gilt der Grundsatz: Achte auf die Zwischenräume, da wirkt Magie! Und: Je nach Energie, mit welcher du deine Beziehungen gestaltest, entsteht Glück oder Unglück.

Jetzt wird auch klar, warum der Egoist das Unglück förmlich anzieht, denn Egoismus lebt in der Trennung, das Glück aus der Verbindung. Das führt dazu, dass der Egoist sich vom Glück umringt fühlt, denn um ihn herum, im Zwischenraum, ist jede Menge davon vorhanden, nur kann er nicht daran partizipieren, da er auf Trennung beharrt. Da nutzen auch kein Reichtum und keine Macht, diese ruhen beim Egoisten sowieso auf einem unsicheren Fundament. Er kann sich nur auf die Schöpferkraft seines Egos verlassen, also auf »seinen« Anteil am schöpferischen Potenzial des Universums. Daher ist das Ego gezwungen, sich Verbündete zu suchen, die ihm freiwillig ihre Macht zu Verfügung stellen und dafür belohnt werden. Oder es zwingt mit Not und Gewalt die Menschen dazu, ihre Lebensenergie für den Egoisten und sein Werk zu opfern, denn auf anderem Wege kann es seinen Machtbereich nicht erweitern. Dieses Grundmuster kann sich in kleinen Systemen wie der Familie oder auch in Großsystemen, in der Politik, der Wirtschaft, organisierter Religion usw. zeigen. Im Umkehrschluss bedeutet das aber alles auch, dass wenn man ihm den Gehorsam verweigert, seine Macht schwindet. Und das gilt auch im Inneren, denn unseren inneren Diktator nennen wir ja passenderweise Ego. Das Ego meint zu herrschen, dabei übt es die Herrschaft über den Menschen nur stellvertretend für den Satan, die größte Ego-Intelligenz des Universums, aus. Auch die Egoterik ist nichts anderes als ein antichristlicher Gottesdienst. Und aus diesem Herrschaftsbereich gilt es sich zu befreien.

Es kann also, was das Glück angeht, nicht um die persönliche, eigene Ebene gehen, ebenso was Reichtum angeht oder auch Besitz. All dies sind Dinge, die ihren Wert verlieren, sobald sie aus der Ganzheit getrennt als »mein« definiert werden. Sie erhalten ihren Wert erst durch eine innere Haltung, die Glück, Freude und Wohlstand für alle aktiv erschafft. Daher passt der Reiche nicht durchs Himmelstor. Derjenige aber, der das Wohl aller im Blick hat und seine Schöpferkraft dafür zu Verfügung stellt, dem gehört der Himmel schon zu Lebzeiten.

Da alles Glück, alle Freude und Dankbarkeit, alle Teilhabe an positiven Emotionen nur im Zwischenbereich ihren Ursprung haben und in der persönlichen Resonanz lediglich fühlbar werden, achtet der spirituelle Mensch ganz besonders auf seine Beziehungsgestaltung. Merke: Je liebevoller du deine Beziehungen gestaltest, umso größer ist der von dir erschaffene Nutzen in der Welt, und umso mehr Glück, Freude und Dankbarkeit ziehst du an. Was bedeutet aber eine liebevolle Beziehung? Damit sind nicht stetiges Lächeln und Freundlichsein gemeint. Eine echte liebevolle Beziehung ermöglicht eine Verbindung auf Augenhöhe. Sie ist getragen von Authentizität und Wahrheit. Sie ermöglicht ehrliche Kritik.

Hier schließt sich der Kreis, wir hatten vorhin das Beispiel mit dem Bio-Markt. Kommen wir zu einer abschließenden Betrachtung. Ein wesentlicher Unterschied zwischen Egoisten und spirituellen Menschen ist der, dass Egoisten nicht mit ihrem Kern, sondern mit anderen Dingen identifiziert sind – ihren Gedanken, ihren Gefühlen, ihren Handlungen, ihrer Familie, ihrem Auto, ihrem Besitz usw. Das hat zur Folge, dass jede Kritik zwar auf die äußere Erscheinung zielt, aber als Angriff auf den Kern der Persönlichkeit wahrgenommen wird. Der spirituelle Mensch hat diese Identifikation nicht, er weiß, dass er nicht seine Handlung ist und er seine Handlungsweise frei wählen kann. Während der Egoist immer nur einen Weg kennt, der richtig und alternativlos ist, schöpft der spirituelle Mensch aus dem Meer seiner Möglichkeiten. Während der Egoist in die vergänglichen Phänomene verstrickt und daher blind ist, bewahrt der spirituelle Mensch den Überblick über die Ganzheit. Und wohingegen der Egoist immer seinen Eigennutz verteidigt, erzieht sich der spirituelle Mensch dazu, zum Nutzen des Ganzen zu handeln. Ich denke, der Unterschied ist hinlänglich sichtbar geworden. Der Weg beginnt, wenn du diese Begrenzung durchbrichst, wenn das Ei aufbricht und lebendiges Wachstum beginnt. Mehr darüber erfährst du in meinen Praxisbüchern »QuantenMagie« und »WeltErwachen«.

Dein Weg mag lang oder kurz sein, leicht oder schwer, gerade oder krumm, ist er an der Liebe ausgerichtet, lohnt es sich, ihn bis zum Ende zu gehen.

Magische Kommunikation

Aus Liebe zum Ganzen also ergibt sich die Pflicht, destruktive Muster zu enttarnen und zu korrigieren. Aus Liebe zum Menschen kritisieren wir Handlungen, mit denen er sich und andere verletzt, damit er dies achtsam verändern möge. So unterstützen wir uns alle liebevoll gegenseitig bei der Entwicklung unserer Persönlichkeit im Sinne der Ganzheit. Wir zwingen nicht, wir lassen dem anderen die Freiheit, durch Einsicht zu Veränderung zu kommen. Wir separieren uns auch nicht von der bösen Welt, denn Rückzug ist nur temporär als Teil der Entwicklung empfehlenswert. Wir fühlen uns der Welt wie uns selbst liebevoll verbunden, denn wir erkennen uns selbst in der Welt.

Wir dürfen aber den Einfluss nicht vergessen, den der Egoismus als Haltung auf die Welt hat. Daher gilt es, jede sich bietende Gelegenheit zu ergreifen, Licht in die Sache zu bringen und dem Egoisten die Möglichkeit zur Selbsterkenntnis zu schenken. Einfach zulassen können wir sein Verhalten nicht, denn es zerstört unsere Lebensgrundlage, unsere geliebte Mutter Erde. Da wir also weder die Egoisten zu anderem Verhalten zwingen, noch dieses weiter zulassen können, bleibt nur eines: offene und liebevolle Kommunikation. Der magische Kommunikationsstil, den wir entwickeln, ist die gebende Kommunikation, weil diese zur Vergebung führt. Man nennt sie auch die bereichernde Kommunikation, da wir sie aus einer Haltung gestalten, den anderen damit etwas zu schenken, um ihr Leben zu bereichern. Achte doch mal darauf, was passiert, wenn du nicht verletzend kommunizierst, sondern bereichernd. Und wenn dir nichts Bereicherndes zum Thema oder zur Situation einfällt, sei einfach schweigend in Liebe präsent.

In Liebe heilen, erwachen, einssein

Liebe sucht keine Verbündeten, sie ist Verbindung. Fokussiert euch auf die, die euch liebevoll verbunden sind, und lasst den Trennenden in Trennung. Wer getrennt ist, soll Verbindung aufnehmen, wer verbunden ist, soll sich nicht trennen. Die im Konflikt Stehenden sollen sich für Frieden entscheiden, nicht der Friedliche in den Krieg ziehen. Die Lüge des Egos kann durch Wahrhaftigkeit überwunden werden, und nimmer soll der Wahrhaftige sich auf die Lüge einlassen. Liebe ist wie weißes Licht, fällt es in unsere Dimension, so bricht es auf in ein kollektives Feld positiver Emotionen, so wie aus weißem Licht der Regenbogen entsteht. Der Mensch trennt sich vom Licht, weil er nicht Liebe, sondern Ich sein will. So fällt er in die Dunkelheit. Es ist also die Definition, womit wir uns identifizieren, das sind wir, und die entsprechende Wirkung entfalten wir. In der Trennung wirken wir trennend, selektierend, wertend, urteilend, verharrend im Ich und Du, Mein und Dein, stets unzufrieden, neidisch, gierig, unzulänglich und so weiter und so fort. All diese Wertungen und Verurteilungen von uns selbst und der Umgebung sind nur im Getrenntsein, im Egoismus, möglich. Und egal ob es eine Über- oder Unterbewertung, eine Auf- oder Abwertung darstellt und sich somit gut oder schlecht anfühlt, ob es mit positiven oder negativen Gedanken und Körperreaktionen begleitet wird, es ist immer Egoismus, der zu diesem wahnhaften Ausrichten an der Illusion führt. Egoismus ist entartete Liebe. Und so erschafft er entartete Gefühle, perverse Gedanken, und der Satan ermuntert zu entsprechendem Verhalten. Und da der Egoist immer recht hat, braucht auch nichts hinterfragt zu werden. Egoismus fesselt uns ans Leiden und nährt den Schmerz, um die Trennung zu vertiefen. Und sucht als Ausweg auf den selbst erzeugten Schmerz zwanghaft nach Betäubung und maximaler Ablenkung von sich selbst und der Wirklichkeit, lautstark, schillernd, glitzernd muss es sein, um ja die Wahrheit über sich nicht sehen zu müssen. Nur leider gelingt es niemandem, hier zu tricksen, die Wahrheit zeigt sich am Ende immer, und abgerechnet wird am Schluss. Jedenfalls, da der Egoist immer destruktiv ist, ist es besser, seinen Willen nach Trennung zu akzeptieren, statt sich umsonst stetig liebevoll um ihn zu mühen oder gar den Kopf für ihn hinzuhalten, nur um letztlich doch wieder von ihm verletzt zu werden. Im Sinne der Lehre Jesu: Wer Schwein sein will, hat die Perlen nicht verdient.

Statt mit dem abgeschnittenen Selbst könnten wir uns auch mit dem ganzen Selbst identifizieren, statt mit dem Ego mit der Liebe. Somit entstünden aus der Resonanz nicht Leid und Schmerz für uns, sondern Freude und Glück für die Welt. Daher sollte uns dieser Sprung von der Dunkelheit ins Licht jeden Einsatz wert sein. Zumal ich hier auch noch mal an die gesamtgesellschaftliche Verantwortung erinnere, die jeder spirituelle Mensch hat. Denn der Egoismus als System taumelt seit Jahrtausenden von

Krise zu Krise, von Krieg zu Krieg und hat unseren Planeten an den Rand der Vernichtung getrieben. Nur ein radikales Umdenken im Sinne der Liebe weltweit kann uns jetzt noch retten. Während nämlich im Egoisten die Seele die ihr innewohnende göttliche Schöpfungsmacht mehr und mehr zurückzieht, dehnt sich das Seelenlicht im liebenden Menschen auf ein Maximum aus. Das entfesselt unser wahres Potenzial, befreit die göttliche Schöpferkraft und ermöglicht so Wunder über Wunder. Und wenn wir den milliardenfachen Tod von Menschen in naher Zukunft durch die ausgelösten Abwehrmechanismen der Erde doch noch verhindern wollen, brauchen wir viele göttliche Wunder. Wir haben diesen Krieg gegen die Natur begonnen. Es ist eine Auseinandersetzung, die keine Gewinner hervorbringt, nur Verlierer. Entweder beenden wir den Konflikt, oder die Menschheit selbst wird von ihm beendet werden.

Liebe ist die stärkste verbindende Kraft, die stärkste heilende Macht, die stärkste Anziehung und der Schlüssel zu jeder positiven Seinsweise. Sie ist der wirkliche Sinn des Lebens, denn ein Leben ohne Liebe ist sinnlos. Liebe ist der Grund aller Dinge. Liebe ist kein Gefühl, sondern ein Bewusstseinszustand.

Entweder Egoismus und getrennt sein oder Liebe und ganz sein, du hast die Wahl. Beides gleichzeitig geht nämlich nicht, wie Jesus lehrt, du kannst nicht Diener beider Herren sein.

Liebe muss nicht alles erdulden, denn sie ist schöpferisch. Das Universum ist ein kreatives, schöpferisches Gebilde, wir sind Teil des Universums, also ist es unsere Aufgabe, liebevoll eine Welt zu schaffen, in welcher alle Wesen gut leben, im Mit-Sein verbunden sind und weltweit kooperieren können, immer das Wohl des Ganzen im Fokus.

QuantenMagie oder die göttliche, früher auch natürliche Magie genannt liebt die Natur, sie lernt aus ihr und leitet von ihr die Prinzipien ab, welche Magie wirken. Dabei üben wir keinen künstlichen, äußeren Eingriff aus, sondern innere Bewegtheit erzeugt in der Resonanz die äußere Veränderung. Die liebevolle Verbundenheit sorgt für Verwirklichung, daher ist es so wichtig, dass wir die Liebe bestimmen lassen, wohin wir den Schritt lenken und welche Handlung wir vollziehen. So verwirklichen wir unsere Bestimmung in der Welt und vervollkommnen unsere Schöpferkraft. Auf dem spirituellen Weg bedeutet dies, dass wir unser Bewusstsein erst in Identifikation mit dem Herzen, dem Ort der Seele, versetzen. Wir nähren das Licht und leuchten die Dunkelheit aus. Wir erkennen egoistische Muster und lassen von diesen ab. Das kann wie eine Entwöhnung von einer schweren Sucht sein, es ist anstrengend und harte Arbeit, erfordert jede Menge Disziplin und Durchhaltevermögen. Es ist der Einsatz, das Opfer, das wir bereit sind zu erbringen, um die Welt zu retten.

Haben wir uns von der Finsternis gelöst und Licht in unsere Dunkelheit gebracht, erfährt unser Bewusstsein eine Erweiterung. Unser Lichtsystem stabilisiert sich und schwingt sich auf die universelle Harmonie mehr und mehr ein. Diesen Schritt nennt man auch die Herstellung des Diamantfahrzeugs oder der Merkaba, es gibt unterschiedliche Wörter dafür im Weltweisheitserbe der Menschheit. Dann ist man bereit, aufzusteigen und ganz zu erwachen.

Nun, wenn du erfahren hast, dass Liebe Grund, Sinn und Ziel allen Lebens ist, kannst du sein, was du in Wirklichkeit immer warst, bist und sein wirst: Liebe.

Es geht nicht darum, aus Zwang eine Persönlichkeit zu werden, die man nicht ist, sondern durch Erkennen zu der Persönlichkeit zu reifen, die man ist. Das fällt schwer, weil man hierzu liebgewonnene und gewohnte Teile seiner Persönlichkeit loswerden muss, die man als egoistisch-trennend erkennt, zum anderen gilt es anzuerkennen, wie man sich gebärdet. Das führt dazu, dass man auch alle Vorstellung von sich, alles, was man glaubt zu sein und zu wissen, aufgibt, bis man ganz leer ist und still, erst dann kann Liebe uns innerlich auch ganz erfüllen. Du sollst keine liebevolle Rolle spielen, sondern Liebe sein. Es geht um eine innere Idealisierung statt um äußeren Optimierungswahn. Es geht um das Hervorbringen der besten Version deiner Persönlichkeit. Wachse zu der Essenz, die sich in dir verkörpert, und verkörpere die Liebe, die du in der Essenz bist. Das Wesentliche im Leben betrifft die Entfaltung deines Wesens zur Liebe, alles andere ist unwesentlich und sollte zurückgehalten sein.

 *Lehren*

Liebe als allumfassendes Bewusstsein

Spiritualität ist Beziehungsarbeit, sie zeigt sich in der Gestaltung der drei wesentlichen Beziehungsebenen: der Beziehung zu dir selbst, der Beziehung zur Welt und der zur Ewigkeit. Es geht um die liebevolle Gestaltung all unserer Beziehungen. Liebe dient der Welt und verbindet alles Leben. Liebe ist das zentrale Netzwerk, das alles durchströmt. Liebe ist kein Gefühl, sondern eine Bewusstseinsebene, sie ist keine Schwärmerei, sondern Klarheit, sie ist kein Wunsch, sondern Wahrheit.

Lieben heißt Leben, wer liebeleer ist, ist tot, wer liebevoll ist, lebendig. Nicht die Zeit, die Liebe heilt alle Wunden. Lebendige Liebe wird die Erde heilen oder Egoismus sie zerstören. Aufwachen heißt, in Liebe ankommen. Liebe ist der eigentliche Sinn des Lebens. Denn Leben mit Liebe ist sinnvoll, Leben ohne Liebe sinnentleert. Liebe befreit die Seele und entfesselt die Schöpferkraft. Da Liebe alles verbindet, ist es unsere Aufgabe, allem liebevoll zu begegnen. All-Liebe selektiert und bewertet nicht. Echte Liebe ist allem gleichermaßen verbunden. Fühlst du dich etwas verbunden, und etwas anderes tritt dafür zurück, bist du nicht in Liebe.

Nur ein offenes, liebevolles, mitfühlendes Herzbewusstsein kann jene Erweiterung erfahren, auf die der Aufstieg folgt. Liebe lässt los, sie gibt frei, sie ist wahres Menschentum.

Bewusstseinsstand: mit Liebe erfüllt in die Neue Zeit

Ich bin allem liebevoll verbunden. Mein Herzfeld strömt weit. Ich spüre die Freude und den Schmerz der Welt in meinem Herzen. Es entwickelt sich ein Bewusstsein göttlicher Fülle. In der Verbundenheit herrscht kein Mangel.

Ich richte alle meine Gedanken, Gefühle und Regungen an der Liebe aus. Es ist ein natürlich schöpferisches Bewusstsein des Wachstums. Die Früchte sind die liebevollen Taten, mit denen wir die Welt sichtbar und lichtvoll gestalten.

Der Abschluss mit der Vergangenheit ist Öffnung für die Wunder der Gegenwart und vollständige Heilung. Ich gesunde an der Welt, die an mir gesundet. Ein gegenseitiges Liebesgeschenk. In mir ist Liebe, ich erschaffe um mich aus Liebe, ich bin Liebe.

Liebe lässt mich alle Dinge im Licht betrachten. Sie bewertet nicht, sondern vergibt. Sie veredelt und sucht stets das Beste aus jeder Situation zu machen.

Liebe selbst ist das Licht der Wahrheit. Weiht man sich ihr von Herzen, vermehrt man mit seiner heilsamen Präsenz das Licht in der Welt. Und da das Quantenbewusstsein ein lichtvolles Bewusstsein ist, verschenkt es sich voll Liebe schöpferisch der Welt. Durch liebevolle Taten wachsen wir stabil in das Quantenbewusstsein der Neuen Zeit hinein.

Übungen

Erweiterung des Herzfelds – Licht für alle

Wir variieren die Befreiung der Lichtfunken weiter. Wir haben schon geübt, uns zu entspannen, im Herzen mit Licht identifiziert zu sein um das Licht finden und befreien zu können. Diese Übung habe ich immer als einen Segen empfunden. Man kann Menschen helfen, bringt etwas Licht in ihr Leben, und vermehrt damit auch das eigene Licht.

Auch jetzt steigen wir wieder so in die Übung ein und lassen die Lichtpunkte aufsteigen, sowohl die in unserem Inneren als auch die aus unserer Umgebung.

Nun visualisieren wir, wie diese Lichtpunkte sich am Himmel verteilen und, angezogen von guten Ideen, die verwirklicht sein wollen, fallen sie wieder in die Herzen von Menschen guten Willens und stellen sich als segnende Energiequelle zur Verfügung.

Stelle dir nun vor, wie das von dir befreite Licht anderen Menschen hilft, die Welt schöner zu machen. Fühle die Einheit des Lichtfeldes von deinem Herzen zu ihren Herzen. Alle dem Licht zugewandten Menschen sind im Herzen vereint. Fühle, wie sich dein Herzfeld um die anderen Lichtpunkte erweitert. Erspüre die Kraft, die von der lebendigen Gemeinschaft des Lichts ausgeht.

Wenn du bereit bist, kehre mit ein paar Tiefenatmungen zu dir zurück und notiere deine Erfahrungen.

Meditation »Der Liebestempel« – finde innere Kraft

Diese Meditation dient dazu, uns mit der liebenden Seite des Universums zu verbinden und zu synchronisieren. Es geht um einen Zuwachs der Liebe als innerer Kraft. Habe ich mein Herz mit dieser Übung aufgefüllt, so habe ich die Kraft, die kleinen Dinge des Alltags zu heiligen. Auch in Zuständen der Trauer hat mir diese Technik schon tröstende Dienste erwiesen.

Vielleicht hast du es ja schon geschafft, dein Leben aus dem Herzen heraus zu definieren. Anfangs mag das schwerfallen, mit der Zeit wird es leichter. Es gelingt dann, wenn das Herz zum Zentrum deines Bewusstseins geworden ist. Liebe ist, wie wir gelernt haben, eine Form von Bewusstsein. Sie ist aber auch wirkende Kraft. Je mehr von dieser wirkenden Kraft in uns zur Verfügung steht, umso besser und stabiler können wir in Liebe bleiben.

Prinzipiell kann jede Region unseres Körpers Liebe speichern, verarbeiten und einsetzen, doch als besonderes Kraftreservoir ist hier das Herz geeignet. Und über das Herzfeld verteilt die Energie sich vernünftig. Also sollte es unser Bestreben sein, das Herz stets liebevoll zu halten. Dabei hilft uns der Liebestempel.

Diese Meditation beginnen wir vom Kopf aus. Wir beruhigen die Gedanken und werden stiller und stiller. Die Gedanken dürfen da sein, wir hängen ihnen jedoch nicht nach und lassen sie ziehen. Nun bitten wir nach innen, dass sich unser Liebestempel im Herzen öffnen möge. Dies ist unser wertschätzender Teil, unser höchster Wert und Schatz, das Juwel im Lotus, wie die Buddhisten sagen.

Es öffnet sich ein lichtvoller Pfad, und wir betreten den Liebestempel in unserem Inneren. In seinem Zentrum ist ein helles Licht. Bitte nun den Resonanzraum, sich zu öffnen und Verbindung aufzunehmen zum Herzen des Universums.

Das ist, als ob wir ein volles Gefäß über einen Schlauch mit einem leeren Gefäß verbinden. Die Liebe strömt über, springt über, füllt dein Herz und synchronisiert es mit der zentralen Liebesqualität des Universums. Durch diese Verbundenheit steht dir unerschöpfliche Liebe zu Verfügung.

Achte darauf, nie lieblos zu sein, sorge stets dafür, liebevoll zu sein.

Achtsamkeitsübung »Der Liebesgrund«

Diese Übung ist recht anspruchsvoll, gilt aber als eine der grundlegenden der QuantenMagie. Da im Grunde alles Liebe ist und Liebe der Grund für alles Dasein, erscheint es folgerichtig, Liebe auch als Grund der Lebensführung zu betrachten. In der Tat gelang es mir mit dieser Übung, die Liebe stets im Blick zu halten und liebevolles Verhalten wachsen zu lassen. Ich fühle mich direkt mit der Quelle verbunden.

Die Übung hat zwei Teile, einen meditativen und einen im Alltag achtsamen. Beginnen wir mit dem meditativen.

Gehe hierzu in einen entspannten Zustand. Lasse deinen Fokus bei geschlossenen Augen nach innen und unten wandern. Öffne den Herzraum und betrit deinen Liebestempel. Öffne den Herzraum für die universelle, unerschöpfliche Liebe. Egal, wie viel Liebe du nun dem Herzraum entnimmst, es fließt immer genügend nach.

Stelle dir nun vor, wie du mit den Händen etwas Liebe schöpfst, oder visualisiere ein entsprechendes Gefäß. Lasse dich nun hinabsinken zu deiner Wurzel. Hier gieße die Liebe aus. Dann wandere hinauf und komme mit frischer Liebe zurück. Dies tue so lang, bis du spürst, dass deine

Wurzeln in der Liebe gründen. Kehre dann in deinen Alltag zurück.

Jetzt gilt es, stets achtsam zu sein, der Liebe zu folgen und den Rahmen der Liebe, den Pfad der Liebe, nicht mehr zu verlassen. Notiere auch hier die Beobachtungen der Auswirkungen dieser Übungen.

Quanten-Essenz

Der spirituell Erwachte ist ein radikal liebender Tat-Mensch, Liebe ist der Weg und der Sinn. Sich bewegen heißt, Liebe sichtbar zu mehren und sich selbst aus der Fülle schöpferisch zu verschenken.

Erwachen – Der Menschheit FriedensReich und der Grundgütige

In fast allen Kulturen gibt es die Saga des Goldenen Zeitalters, und auch heute noch würden wohl viele sagen »früher war alles besser«. Entwicklungspsychologisch lässt sich dies mit der unbewussten Sehnsucht nach der verlorenen Kindheit erklären. Dabei bilden aber Verklärung und verzerrte Erinnerungen die Grundlage. Die Wahrheit ist: Es gibt kein Früher, das besser gewesen wäre, aber es gibt ein Jetzt, in welchem wir die bessere Zukunft erschaffen können. Das Früher ist nicht golden, es ist die Dunkelheit, aus der wir emporsteigen, einer neuen, selbst erschaffenen goldenen Morgenröte entgegen. Möglicherweise ist es auch die Götterdämmerung der Herrschaft des Menschen, die wir auslösen, indem die Welt in den Flammen des Krieges aufgeht. Wir brauchen keine Propheten zu sein, um zu wissen, welche Version der Zukunft wahrscheinlicher ist, dazu müssen wir nur unser eigenes sowie kollektives Handeln im Jetzt beobachten.

Und wie lehrte es Zha: Mit Magie verschieben wir Wahrscheinlichkeiten. Je mehr lichtvolle Inhalte wir in uns kultivieren, desto mehr Licht können wir über unser Handeln in die Weltresonanz einspeisen. Und umso wahrscheinlicher wird eine lichtvolle Zukunft. Denn das Goldene Zeitalter der Vergangenheit, ob es nun wirklich existiert haben mag oder nicht, sollte uns eher leuchtendes Vorbild für unsere Zukunft sein, die wir jetzt erschaffen, statt ein vergangener, nie erreichbarer Sehnsuchtsort der Nostalgie. Statt unsere Energie in die Vergangenheit zu projizieren, sollten wir sie für unsere Zukunft verschwenden.

Glück und Freude, wie alle anderen positiven Gefühlsregungen, sind die Energien für unsere Schöpfung, daher sollten wir aus ihnen schöpfen. Um diese schöpferische Fokussierung geht es, nicht um das Gefühl an sich, welches eher Folge unseres Tuns ist. Es ist töricht, anzunehmen, der Spiritualität ginge es darum, dauerhaft glücklich zu sein. Richtig ist vielmehr die spirituelle Pflicht, in jeder Situation alles zu geben, um Glück zu erschaffen.

Man sagt immer, der Weg ist das Ziel, doch nein, die Ankunft ist das Ziel, derenthalben man sich auf den Weg begeben sollte. Gehen, ohne anzukommen, ist wie suchen, ohne zu finden. Gehen um des Gehens willen ist so sinnlos wie das Treten im Hamsterrad. Sobald etwas zur Routine geworden ist, sollte man Neues dazulernen. Leider vergisst man das in der Routine, doch wenn man spirituell gut angebunden ist, wird man rechtzeitig darauf aufmerksam gemacht. So jedenfalls erging es mir. Nach 30 Jahren Bewusstseinsarbeit und Studium, lernen, üben und lehren ist mir dieses Handeln so zur Routine geworden, dass ich meinen ursprünglichen Auftrag ganz vergaß. Aufstehen, lesen, meditieren, Seminare vorbereiten, mich für meine Klienten einsetzen, Rituale usw. bestimmen den Alltag, daneben begann ich, meinen Weg und die Lehre schriftlich zu fixieren. Da bleibt keine Zeit übrig, ich arbeite 24 Stunden, sieben Tage die Woche. Ich erinnere meine Klienten an ihre Pflicht dem Leben und der Neuen Zeit gegenüber, wodurch Spreu vom Weizen getrennt wird, aber nicht viel Weizen übrig bleibt. Es erweist sich nämlich, dass die meisten nur nehmen, aber keinen gebenden Anteil leisten, sie sind Schmarotzer. Wenn meinem Gegenüber das Schicksal der Welt nicht am Herzen liegt, so interessieren mich seine persönlichen Befindlichkeiten auch nicht. Erst wenn er ebenfalls aktiv für die Heilung der Welt und die Errichtung der Neuen Zeit wird, kann ich auch aktiv an der Verbesserung seines persönlichen Schicksals arbeiten.

Der Egoteriker hat halt mit Esoterik nichts am Hut. Geht es nicht um ihn und seine Profilierung, interessiert es ihn auch nicht. Doch können wir Spirituelle auf diese Menschen auch keine Rücksicht nehmen, schlussendlich erhalten auch sie den gerechten Ausgleich nach ihren Werken, wie jedes andere Wesen auch. Nur wer sich von diesem Egobezug lösen kann, erlebt das Wunder der Wiedergeburt im ewigen Leben. Denn das Ego stirbt so oder so, was bleibt, ist die Essenz, sie ist das Wesentliche. Man sollte sich also darum bemühen, denn dies ist der Inhalt deines Wesens. Erkenne dich selbst!

Wenn du dich dann von allem trennst, was deiner wahren Natur nicht entspricht, also allem, was ein Gegenüber hat und somit dem Bereich der Dualität zuzurechnen ist, wenn du der Einheit deines Wesens mit allem gewahr wirst und dich vor allem anderen um das Wesentliche kümmerst, dann können wir von einem spirituellen Leben sprechen.

Die Nährmittel der Vergänglichkeit sind schal, ihre Genüsse trübe und ihre Verlockungen uninteressant, wenn du einmal von der Essenz des Himmels, jenem aphrodisischen Balsam, welcher dem Gral entfließt, gekostet hast. Und beginnst du dann, die irdische Wirklichkeit mit jenem Würzmittel des Himmels aufzuwerten, transformiert sich die Welt zu einem allnährenden, heilenden Durchgangstor für das Licht. Dieser Pfad führt zu Licht und versorgt uns damit. Haben wir uns also von der Sucht nach vergänglichem Daseinsgenuss und der Selbstdarstellung vollständig erholt, sehen wir klar, und unser Bewusstsein ist frei. Diesen Zustand, absolute Freiheit bei Nichtanwesenheit von Dunkelheit, nennt man Erleuchtung.

Ich erfuhr dies beim Meditieren. Ich saß da, wurde still, ließ mein Herzfeld sich ausdehnen. Irgendetwas war anders als sonst, ich stieß an keine Grenze. Schließlich konnte ich das Bewusstsein auch nicht mehr halten, es stieg auf und verließ meinen Körper. Nun bin ich die außerkörperliche Erfahrung seit Jahrzehnten gewöhnt, allerdings immer in Identifikation mit dem Astralleib, damit verbunden mit meinem lebendigen Körper und meinem Willen unterworfen. Dieses Mal aber sammelte sich mein Bewusstsein außerhalb, oberhalb meines Körpers im achten Chakra, welches keiner materiellen Begrenzung unterliegt. Es ist das Chakra der Heiligen, welches in der Ikonografie der Völker als Aureole und Heiligenschein dargestellt wird. Damit wird der Zyklus der heiligen Acht beendet, doch dazu mehr in den Folgewerken.

Da ich nicht mehr im Körper verbunden war, wurde mir schlagartig bewusst, dass meine Existenz und mein Leben im Körper zwei vollkommen unterschiedliche Dinge sind. Ich brauche den Körper nicht, um zu existieren. Und nicht der Körper respektive die Materie bringen Bewusstsein hervor, nein, sie entwickeln sich höchstens weiter, um am Bewusstsein zu partizipieren. Ich habe nicht ein Bewusstsein und du ein anderes, wir haben alle Teil an dem einen, unteilbaren, freien Bewusstsein schöpferischer Liebe. Dieses Bewusstsein hat uns verkörpern lassen, um Erfahrungen zu sammeln, und es hilft uns auch, diese Verhüllung der wahren Essenz, die du bist, wieder abzustreifen. Das ist genau der gegenteilige Weg zu dem, den die Masse geht – dem Weg, die Vergänglichkeit zu genießen und über diese Fata Morgana die Wirklichkeit zu vergessen. Zur Wirklichkeit dringt nur vor, wer in ihrem Sinne wirkt. Wer auf den Eigensinn setzt, entzweit sich von der Wirklichkeit. Ich tue, was die Wirklichkeit verlangt, nicht, was ich will.

Erleuchtung und Einheitsbewusstsein

Dieser Bereich des achten Chakras fühlt sich an wie das Zentrum des Universums, denn von hier dehnt sich dein Bewusstsein zu universeller Größe aus. Das ganze Universum ist jetzt mein Körper, ich bin Adam Kadmon, der wahre und erste Mensch, und alles Leben ist nur ein Teil meiner wandelbaren Gestalt, mein Körper ist das gesamte Universum. So gewaltig sich dies anfühlt, ist es jedoch immer noch begrenzt. Dennoch wird klar, mein Leben dauert nicht so lange, wie mein Körper auf Erden kriecht. Stattdessen lebe ich mindestens so lange wie das Universum selbst, denn ich bin das Universum. Gleichzeitig spürte ich, dass das Universum nicht alles ist, es gibt eine

Grenze, die nicht an der Außenseite des Universums zu finden ist, sondern sie geht mitten hindurch. In diesem erleuchteten Zustand ist es paradoxerweise so, dass du eine Freiheit findest, die weit über alle Erfahrung von Freiheit hinausgeht, und trotzdem hast du das Gefühl, ständig und überall vor einer Mauer zu stehen. Einer Wand, die überall ist und die Welten zwischen dem Vergänglichen hier und etwas anderem auf der anderen Seite trennt. Sie ist eine holografische Mauer, die sich durch jedes Atom des Universums zieht und unsere atomare Welt, die Raum-Zeit, getrennt hält von jenem unbeschreibbaren Ursprungszustand der Ewigkeit, die weder Raum noch Zeit kennt. Auch wenn es grandios erscheint und die Erleuchtung bzw. der Aufstieg eine überwältigende Erfahrung ist, ist dieser Zustand vom körperlichen Dasein nicht verschieden. Als Universum habe ich ein Zentrum und eine äußere Grenze, auch wenn diese wesentlich anders ist als unsere körperliche. Denn dort, wo das Universum endet, beginnt das Nichts. Man fließt förmlich in das Nichts hinaus, allerdings ohne etwas zu verlieren. Dennoch, das Nichts macht Angst, aber genau das ist der nächste Schritt auf dem großen Weg. Wenn wir uns mit dem Universum identifizieren, sind wir immer noch etwas, was dem Nichts gegenübersteht, also dual. Umfassen wir das Nichts, indem wir es werden und alle Identifikation aufgeben, indem die eigene Existenz das Alles und das Nichts umfasst, gelangen wir zur Einheit. Dies ist der Moment absoluter Erleuchtung. Alles ist eins, und nichts existiert getrennt voneinander, das ist die Wirklichkeit, an welcher wir uns ausrichten müssen, häufig aber stur nicht wollen, weil dies den eigenen Vorstellungen und Plänen vom Leben widerspricht. Es ist aber nicht unsere Aufgabe, dem Leben unseren Stempel aufzudrücken, das wäre eine Vergewaltigung der Wirklichkeit und geht mit einer Minderung der Schöpferkraft einher. Wir sollten stattdessen vom Leben lernen und uns am Dienst für das Leben ausrichten. Dies ist natürlich eine diametral andere Haltung, als wir es gewöhnt sind und zumeist auch in unserer Umgebung und bei den meisten unserer »Vorbilder« zu sehen bekommen. Es gibt aber zur Erleuchtung nur den einen Weg, und gehst du einen anderen, entfernst du dich von deinem wahren Wesen, vom Licht, und bewegst dich in Richtung der Dämonen. Das alles sieht man nach der Erleuchtung vollkommen klar, und man zieht dann die Trennlinie nicht mehr zwischen Gut und Böse, wie wir es in der dualen Umnachtung gewöhnt sind, sondern da, wo Menschen entweder der Ganzheit dienen oder eben sich selbst. Umgib dich also mit ganzen Menschen, wenn du selbst ganz werden und bleiben möchtest. Oder zumindest mit jenen, die sich durch ihre Taten auf die Ganzheitlichkeit zubewegen, weil sie sie unterstützen.

Ich will allerdings nicht verhehlen, dass es, solange die Egoisten unseren Planeten beherrschen, gefährlich ist, sich der Ausbildung eines ganzheitlichen Bewusstseins zu verschreiben. Denn das Ego will genährt und nicht belehrt sein. Es tötet lieber den Diener der Ganzheit, als seine Eigensinnigkeit aufzugeben. Die vielen Märtyrer zeugen davon. Auch nimmt scheinbar der Weltschmerz zu, denn aus einem Bewusstsein der Einheit heraus spürt man jeden Schmerz in sich, den die Menschheit sich selbst, den Mitwesen oder dem Planeten zufügt. Ich frage mich manchmal, ob nicht der Wunsch nach dem Erwachen der Welt auch egoistisch von mir ist, weil der unerträgliche Schmerz, den wir Menschen Tag für Tag generieren, dann endlich enden und ich ihn nicht mehr spüren würde. Bis dahin jedoch muss jeder, der sich in der Einheit befindet, dies duldsam ertragen und Liebe verbreiten.

Mit der Erleuchtung ist auch aller Schutz dahin, denn wovor will ich mich schützen? Vor mir selbst? Mit Erreichen des Bewusstseins der Einheit schütze ich mich vor mir selbst, alles ist eins. Nun bleibt einem nichts anderes übrig, als die andere Wange hinzuhalten, denn jeder Schutz und Gegenschlag wäre wieder Egoismus. Da ich mich meiner Selbst nicht erwehren kann, erübrigt sich im Zustand der Einheit jede Gegenwehr. Viele gehen davon aus, dass die Angriffe enden würden, wenn jemand den Zustand der Heiligkeit erlangt hat. Meist beginnen sie dann aber erst, weil die Egoisten alles versuchen werden, den Heiligen seiner Sphäre zu entreißen und wieder der »normalen« Welt anzupassen. Wenn ich erleuchtet bin, erinnere ich den Egoisten an seine Dunkelheit und entreiße ihm alle Illusion über seinen Zustand. Und daran will kaum ein Egoist erinnert werden, also beginnt er, den Heiligen zu verfolgen und anzugreifen. Daher sollten wir die Nähe derer suchen, die auf dem Weg der Erleuchtung sind, und den Egoisten meiden. Verstehe mich nicht falsch, es geht nicht, wie es bei einigen Sekten der Fall ist, um ein Kontaktverbot zu »Nichtdazugehörigen«. Da aber der Egoist immer wieder zuschlägt, soll er das in der Ferne tun und unter seinesgleichen. Wahre Liebe bedarf keiner besonderen Nähe, liebevolle Verbundenheit besteht noch zum Entferntesten, und nur gegenseitige Liebe und Wertschätzung erzeugen natürliche Nähe, die vor Verletzungen schützt. Schicke die Egoisten in die Wüste des Mangels, die sie erzeugen, erst wenn sie bereit sind, ihren Anteil an der Nährung der Welt mit Liebe zu leisten, dann hilf ihnen dabei. Vorher ist dies vergebene Liebesmüh.

Gottes Wort

Die nächsten Tage nach dieser Erfahrung war ich damit beschäftigt, mein Alltagsbewusstsein dem heiligen Bewusstsein harmonisch unterzuordnen. So zogen mehr und mehr Licht und Stille ein. Aber auch ein inneres Drängen, eine Sehnsucht nach Wahrheit und Liebe.

Schließlich geschah es ein paar Tage darauf, ich war wieder im heiligen Licht aufgestiegen und verharrte in Stille, als plötzlich die Wand zur Seite geschoben wurde, der Himmel und die Sterne wurden wie ein Stück Papier zusammengerollt, und jene stets gefühlte Begrenzung wich der Unendlichkeit. Was ich jetzt versuche zu beschreiben, ist mit Bildern und Begriffen unserer Welt nur unzulänglich wiederzugeben. Ich fühlte mich ergriffen und der Welt enthoben. Ein Tor öffnete sich, nun, was heißt ein Tor ... die Grenze zum höchsten Himmel öffnete sich, und dies geschah nicht an einem einzelnen Punkt, sondern es war wie ein Rückzug der Begrenzung an jedem Ort. Das gesamte Universum schrumpfte zu einer winzigen Seifenblase, einem Stecknadelkopf zusammen. Das gesamte Universum ist nur eine Perle, ein Tröpflein in Gottes Unendlichkeit. Und dann war da das Wort. Ich könnte sagen, ich hörte eine Stimme, aber das war es nicht. Ich befand mich in einem riesigen Ozean der Unendlichkeit und war Teil davon. Zwischen mir und dem Paradies gab es keine Grenze. Der gesamte Ozean schwang im Wort, ich schwang im Wort, das Wort ging von Gott aus, und ich war das Wort, denn es gab nichts anderes außerhalb des Wortes.

Ich habe in meinem bisherigen Leben Tausende Wesen kontaktiert und mit ihnen gesprochen. Doch diese Ergriffenheit, dieses Durchschwingen, diese Erschütterung in der Seele habe ich nur ein einziges Mal erlebt. Und ich erkannte das Wort als die Stimme jenes Wesens wieder, welches mir den Auftrag erteilt hatte, alle Wege zu prüfen. Erst in diesem Moment erinnerte ich mich schlagartig an das damals gesprochene Wort. »Wenn du mich als Wahrheit gefunden hast, folge mir.« Dieser Zeitpunkt war jetzt, knappe 30 Jahre später, gekommen. Gott klärte mich nun in einigen Gesprächen über sein wahres Wesen auf. Natürlich kann er sich jedem Menschen jederzeit und in jeder Form offenbaren. Er ist Mann genauso, wie er Frau ist, Sohn und Tochter, wie er Alter und Weisheit ist, er ist das freie und radikale Potenzial zu allen Möglichkeiten und Unmöglichkeiten, er ist Familie, und er ist eins, er ist Liebe, er ist der Grundgütige. Er ist die schöpferische Intelligenz des Quantenfelds, ihm entspringen alle Dinge und kehren gereinigt zu ihm zurück. Jene Einzelteile aber, die sich rebellisch gegen die Einheit wenden, was im Zustand der Einheit pure Selbstzerstörung wäre, werden ausgesondert und in Quarantäne isoliert. Dort verbringen sie, wenn die Möglichkeit der Geburtnahme nicht mehr gegeben ist, zusammen mit den rebellischen Geistern der Satane und von diesen beherrscht die Ewigkeit nach ihrer Wahl. Die Hölle ist nicht Strafe, sondern freie Wahl. Dies beweist auch Gottes Liebe, einen Lebensbereich zu schaffen, den er selbst zwar nicht möchte, wohl aber ein Teil seiner Geschöpfe. Dies gilt auch für die Ebene des Zorns, der bei Gott nur ein Ausdruck der Gerechtigkeit und Folge der Liebe ist. Dabei meine ich den Zorn Gottes als Resonanz auf den Schaden, den das Ego im Zustand der Endlichkeit in der Schöpfung zu verantworten hat. Gott liebt auch diese Anteile, doch da sie sich nicht als nützliche Teile am Ganzen beteiligen wollen, sondern sich eigennützig der dunklen Seite verschreiben, ernten sie auch die dunkle Seite der Liebe, den gerechten Zorn Gottes.

Die Botschaft Gottes, die mir hier offenbar wurde, möchte ich erst am Ende dieses Kapitels erwähnen. Vorher berichte ich noch von einer wesentlichen Erfahrung mit Gott auf dieser Welt. Denn wer im Bündnis mit ihm ist, erlebt Wunder über Wunder. Zu dieser Zeit dachte ich ernsthaft mal wieder über Urlaub nach. Der letzte Urlaub war jener in Norwegen, seither hatte ich praktisch durchgearbeitet. Da ich bisher noch nie eine Fernreise gemacht hatte, zog ich dies in Betracht. Allerdings wollte ich eine solche Reise nicht unternehmen, ohne einen Nutzen zu generieren, der den durch das Fliegen verursachten Schaden wieder ausgleichen würde.

Zunächst war ich in Hinblick auf ein mögliches Ziel sehr offen, dachte über Asien nach, wo es mich schon immer stark hinzog, oder Mittel- und Südamerika, vielleicht auch

Afrika, doch dort fühlte ich mich nicht so sehr hingezogen, außer zu Ägypten. Der Orient, speziell Mesopotamien, erschien mir durch den Krieg in der Gegend ausgeschlossen. Stück für Stück lenkte Gott nun mein Bewusstsein, bis schließlich Kenia als Reiseziel übrig blieb. Gottes Auftrag: »Bring das Licht des Bewusstseins zu den Ärmsten der Armen. Suche deinen Vorgänger, den schwarzen Propheten, auf. Dieser (dabei zeigte mir Gott das Bild eines Schwarzen mit auffällig gegabeltem Bart) ist es nicht, er ist ein falscher Prophet. Verbinde Schwarz und Weiß, überwinde die Gegensätze. Suche den heiligen Ort meiner Offenbarung auf und hilf dem Volk zu einer Herrschaft der Gerechten.«

Durch »Zufall« oder Gottes Hand lernte ich den Karatemeister George Otieno kennen. Er lebt mit einem Teil seiner Verwandtschaft in Kibera, einem der größten Slums Afrikas im Süden der Hauptstadt Nairobi. In Folge der Unruhen nach der Präsidentschaftswahl 2007, bei denen rund 1500 Menschen getötet und über 600000 aus ihren angestammten Gebieten rund um den Victoriasee vertrieben wurden, floh er hierher. Meister Otieno unterrichtet Jugendliche in Selbstverteidigung, denn das Leben in einem Slum ist rau. Immer wieder kommt es zu körperlichen Auseinandersetzungen und Vergewaltigungen, und die Polizei fühlt sich für Slum-Bewohner nicht verantwortlich, meist betreten die Polizisten die Slums nicht einmal. Drogenprävention, den Menschen eine sinnvolle Beschäftigung geben und für Sicherheit sorgen – darin sieht die Karate-Klasse von Meister Otieno ihre Aufgabe.

Also beschloss ich, einen Nutzen zu erbringen, indem ich im Slum mithalf und einen Schenkungskreis ins Leben rief, um Geld für die Karate-Schule, eine Krankenstation für Aids-Waisen und HIV-infizierte Kinder oder den Kindergarten im Slum zu sammeln. Das Slum-Projekt musste ich vorerst leider etwas zurückfahren, da sich die Hilfe, um die ich bei Bekannten gebeten hatte, in Luft auflöste. Das Projekt allein zu unterstützen, schaffe ich leider nicht, zumal meine Bestimmung eine kollektive ist. Ich benötige Hilfe und Unterstützung bei der Heilung der Welt.

Währenddessen fand ich heraus, dass in Kenia tatsächlich ein großer Prophet Gottes wirkte, Janabi Johana Owala, welcher 1920 verstorben war und die Nomiya-Kirche gegründet hatte, die erste unabhängige afrikanische Kirche Kenias, die vor allem im Stamm der Luo Anhänger fand. Die Kirche existiert bis heute, allerdings malte ich mir keine allzu großen Chancen aus, gleich bei einem ersten Besuch das Grab von Owala aufsuchen zu können. Zumal die Sprachbarriere ein zusätzliches Hindernis darstellte.

Schließlich flog ich nach Nairobi und traf Meister Otieno persönlich. Er holte mich vom Flughafen ab, und während wir in die Stadt fuhren, lächelte mich auf Riesenplakaten der falsche Prophet an, vor dem Gott mich gewarnt hatte. Er machte derzeit in Kenia ziemlich viel Furore, indem er die Wunder Jesu nachahmte – bis hin zu einer angeblichen Auferstehung einer Frau von den Toten. Der »mächtigste Prophet Gottes«, wie er sich nennt, hat mittlerweile sogar eine feste Anhängerschaft in Europa. Im Gespräch fand ich heraus, dass George zum Volk der Luo gehört, und die heilige Stätte Kit Mikayi, die ich im Auftrag Gottes aufsuchen sollte, gut kannte. Seine Familie lebte in der Nähe, und so fuhren wir für eine Woche nach Nyanza. Von dämonischer Seite gab es viel Widerstand gegen diese Fahrt, aber nichts konnte uns aufhalten. Schließlich kamen wir in Kisumu, der größten Stadt der Region, an. Von hier fuhren wir weiter westlich raus aufs Land, in die Region Bondo zu dem Dorf, in dem George aufgewachsen war. Ich lernte seine Familie kennen und wurde mittels eines geschlachteten Huhnes in die Gemeinschaft aufgenommen. Am nächsten Tag fuhren wir mit der Familie zum zentralen Heiligtum. Obwohl ein heiliger Kraftplatz der Luo und gar nicht so weit entfernt, war bisher noch kein Familienmitglied dort gewesen, und die Gelegenheit, jetzt dorthin zu fahren und Kontakt mit der eigenen Tradition zu haben, wurde gern genutzt. Kit Mikayi besteht aus riesigen Felsen, die sich mitten aus einer eher flachen Landschaft erheben. Rund um das Heiligtum liegen große Steinbrocken, es sieht aus, als hätten Riesen hier gespielt. Der heilige Berg und das angrenzende natürliche Heiligtum, in dem Mutter Maria erschienen war, wird hauptsächlich von den Mitgliedern einer afrikanischen Kirche namens Legio Maria, einer Abspaltung aus der katholischen Kirche, gehütet. Trotzdem hatte ich die Hoffnung, auch auf ein Mitglied der Nomiya-Church zu treffen. Ich hatte noch nicht herausgefunden, wo genau das Grab des Propheten lag. Bisher hatte ich auch mit George noch nicht gesprochen, weil mein Englisch sehr schlecht ist und die Sache schon in Deutsch nicht einfach zu erklären war.

Es stellte sich nun heraus, dass George Mitglied der Nomiya-Church ist, dass der Prophet im Nachbardorf gelebt und gewirkt und dort, keine drei Kilometer Luftlinie vom

Hotel entfernt, seine Kirche errichtet hatte und dort nun auch begraben lag. Ohne dass wir je ein Wort über das Thema verloren hatten, hatte Gott dafür gesorgt, dass ich genau an den richtigen Ort kam. Und nachdem auch der letzte dämonisch verursachte Motorschaden behoben war, konnte jetzt auch dieser wichtigste Punkt meiner Mission erfüllt werden. Die Kirche mit ihrem wuchtigen, an eine europäische Burg erinnernden Wachtturm lag tatsächlich mitten im Nirgendwo. Daneben stand das Mausoleum mit der Grablege des Propheten. Als wir ankamen, war niemand da, zumindest kein Mensch. Aber die Dämonen tanzten so wütend übers Kirchdach, dass es krachte und polterte, sie rissen daran, als würden sie das Gebäude zum Einsturz bringen wollen. Ich war, im Gegensatz zu meinen kenianischen Freunden, denen das Entsetzen ins Gesicht geschrieben stand, davon vollkommen unbeeindruckt, kniete mich vor dem Gebäude zum Gebet nieder, erhielt eine Vision des schwarzen Propheten, und schließlich herrschte Ruhe. Die Dämonen gaben sich geschlagen, zogen sich zurück und hinterließen einen Raum lebendiger Stille. Es war beeindruckend, auch wenn ich meine Visionen bis heute nicht genau zuordnen kann. Aber das kommt sicher, wenn die Zeit reif dafür ist. Eine der empfangenen Visionen war jedoch klar und kraftvoll, denn es kam das Wort herab auf mich. Ich sah in die Welt und wie sich die Bevölkerung explosionsartig vermehrte. Ich sah die Erde und ihr begrenztes Potenzial von Wachstum. Ich sah Menschen, die nicht in den Himmel fanden. Der Strom der Seelen riss nicht ab. Mehr und mehr wurden es und drohten, alles zu zerstören. Dann sah ich zwei

Welten, die sich voneinander abspalteten. Auf der einen Welt hörten die Menschen nicht auf, sich egoistisch zu verhalten. Da griff Mutter Erde mit Gewalt ein und verschlang ein Drittel der Menschheit mit Krankheit, Erdbeben und Überflutung. Und Vater Himmel vernichtete das zweite Drittel mit Blitzen, Sturm und giftigem Regen. Und der Krieg der Menschen gegeneinander und um die letzten Ressourcen erledigte den Rest. Ein ganz anderes Bild herrschte auf der zweiten Erde. Hier ließ die Menschheit ihren Egoismus hinter sich und wendete sich der Liebe als neuer Gesellschaftsgrundlage zu. Dadurch öffnete sich der Himmel wieder allen Menschen, und der Seelenstau floss ab. Aus Liebe heraus ordnete sich die Menschheit neu nach Seelenfamilien statt nach biologischer Herkunft. Die Liebe ermöglichte eine weltweite Geburtensteuerung, ohne dass das jemand als Nachteil empfand, ganz im Gegenteil, vernünftiger Verzicht gilt als hingebungsvoller Liebesdienst am Erdfeld. Menschheit und Erde als gemeinsames Bewusstseinsfeld der Liebe. Dies war das FriedensReich Gottes, das der Mensch errichten soll, wie dies auch allen anderen vernunftbegabten Arten des Universums von Gott geboten ist. Jetzt ist die Zeit der Wahl, welche Zukunft wir verwirklichen wollen. So sprach das lebendige Wort.

Mit der Frage »Nimmst du die Liebe als Lebensgrundlage an, oder lehnst du dies ab?« nähert sich uns Gott an. Er sagte zu mir: »Ich betrachte alle Bündnisse zwischen mir und den Völkern als gelöst. Ich wünsche, dass der einzelne Mensch wieder die persönliche Verbindung zu mir sucht.«

Den Himmel auf Erden holen

Wir brauchen also ein radikales Umdenken, ein neues Bewusstsein, ein weltweites Erwachen in Liebe. Nicht gegeneinander, miteinander. Nicht Konkurrenz, sondern Kooperation. Nicht Ich, sondern WIR!

Wer sich selbst erkannt hat, weiß, dass er nichts ist außer Licht. Dessen Heimat ist nicht hier auf Erden, sondern oben im höchsten Himmel, im Quantenfeld, dort, wo unser Ursprung liegt. Zudem wir entweder geläutert aus dem Bade der Materie zurückkehren oder vergiftet vom Daseinsgenuss ewig von ihm getrennt bleiben. Der Welt des Zwielichts, des Schmerzes und der Dualität unrettbar verbunden. Wer sich hingegen dem Himmel in Liebe verbunden fühlt, kann auch auf Erden nur liebevoll schöpferisch tätig sein. Ein Reich des Friedens ist unser Ziel, ein perfektes Spiegelbild des Paradieses. Wer am Himmel auf Erden einen Anteil hat, hat ihn auch im ewigen Reich.

Die nächste Revolution ist die des Bewusstseins, eine innere Evolution, weg vom Ego, hin zur Liebe, wir wählen selbstbewusst den nächsten evolutionären Schritt. Oder wir ersticken in der Hybris aufgeblähter Egos und richten uns gegenseitig zugrunde, wie wir es jetzt tun. Du hast die Wahl, weiter so zu bleiben, wie es gewohnt, normal und dem Untergang zuträglich ist, wie es alle tun und schon immer getan haben. Oder du veränderst dich, auch wenn die meisten Menschen es für närrisch halten werden. Aber was dem Menschen närrisch scheint, kann dennoch weise bei Gott sein. So lasst uns liebevolle Narren sein.

Unser höchstes Interesse aber sollte die moralische Erneuerung sein. Lichtmenschen wollen wir werden, tugendhaft die Liebe mehrend. Wir sollten aufhören, die Welt aus unseren Augen zu betrachten, und beginnen, uns aus Sicht der Welt zu sehen. Lasst uns Freunde sein, lasst uns Liebende sein, uns und der Welt in Einheit verbunden.

Uns bleibt nicht viel Zeit, und im Weltmaßstab haben wir den ersten Schritt noch nicht einmal begonnen. Deshalb möchte ich an dieser Stelle noch auf das Wort in meiner ersten Vision nach der Erleuchtung eingehen. Mir wurden zwei Botschaften mitgegeben. Die erste galt mir persönlich, und ich habe mich lange gewehrt, diese anzunehmen, aber ich will Gott auch nicht widerstehen, sondern ihm folgen. Die zweite Botschaft richtet sich an die Welt. Das Wort sprach: »Sei ein Wegweiser den Verirrten, sei ein Tröster den Verzweifelten und bring ihnen das lebendige Wort nahe. Sei mein Botschafter. Weckt die Welt auf, errichtet das Friedensreich und initiiert die Neue Zeit. Von allen Wegen, die ihr wählen könnt, ist der Weg der Liebe immer der beste und allen anderen vorzuziehen. Nur in Liebe können wir eins sein.« Diese Einigung im Namen der Liebe kann uns allen gelingen, sie bringt uns zusammen und schließt die Gräben, die wir vorher aufgerissen haben. Sie ist Balsam für unsere Wunden, Grundlage für die Vergebung und damit auch für den Schnitt, mit welchem wir unsere egoistischen Systeme loslassen und liebevolle Gesellschafts- und Umgangsformen erschaffen. Mit Liebe als Basis erhalten wir Frieden und Gerechtigkeit weltweit. Dies ist das Ziel, das wir uns setzen, und der

Wunsch, den Gott für uns hat. Hierfür bekommen wie jede Unterstützung des Himmels. Hierin liegt der Sinn unseres Seins. Ein kleines Wort, doch groß wären seine Auswirkungen: **Liebe!**

Sie erschafft eine unsterbliche Identität. Wir können sie nur jetzt erfahren oder kreieren, sie führt aber in die Ewigkeit. Sie verbindet alles, sie überwindet alles, sie braucht kein Gegenüber, sie ist reines Sein. Liebe sollte daher Grundlage all unserer Beziehungen sein. In der Quanten-Magie legen wir schon im ersten Schritt unsere Achtsamkeit darauf, den Rahmen der Liebe nicht mehr zu verlassen. Liebe bringt uns mit unserer Seele in Verbindung. Sie entfesselt unsere Schöpferkraft und ist Basis für die gesunde Beziehung zu sich selbst. Ebenso ist sie die Basis für unsere Beziehungsgestaltung zur Welt, zu allem, was uns umgibt. So können wir im Jetzt die egoistische Herkunft verlassen, um eine liebende Zukunft zu bauen. Liebe allein sollte Basis jeder Beziehung sein.

Doch ist Liebe nicht nur tragfähig über die Zeit und das beste Gestaltungskonzept für die Gegenwart. Vor allem sorgt sie für die dritte wesentliche Beziehung, die zur Ewigkeit. Wenn wir nämlich unser Ich beiseitelassen, bleiben nur Bestandteile der Ewigkeit übrig. Alles war vor unserer Geburt schon da und wird nach unserem Tod noch hier sein. Im Jetzt, im Leben, sollen wir lieben, um uns aus der Gegenwart zu erlösen und uns unserer Ewigkeit dem Wesen nach wieder bewusst zu werden. Das Jetzt ist nur eine zeitliche Kategorie, die Ewigkeit ist die Essenz des Seins. Hier erwartet das höchste Bewusstsein unsere Rückkehr, hier ist das Ziel der Reise, das ist der Spirit,

Gott, der Lebendige, Grund und Ende der spirituellen Reise. Und wer Gott nicht liebt, wird das Leben nie kennenlernen. Denn erst die Verbindung zur göttlichen Welt erhebt die Erde zu etwas Lebendigem. Und nur durch die Verbundenheit zum Ewigen können wir diese Kraft nutzen und die Welt heilen. Schließt euch an, tretet in liebevolle Verbindung, verkörpert eine Neue Zeit.

Lehren

Alles ist in Liebe verbunden
Welterwachen bedeutet eine liebevolle Einigung der Menschheit durch eine individuelle gesamt-menschlich gewählte und ausgedrückte Mentalität und Identität. Identität entsteht durch Identifikation. Wir haben die Wahl, uns nicht mehr mit dem Ego, sondern mit der Liebe zu identifizieren. Dies führt zu einem neuen Bewusstsein, einem gemeinschaftlichen Empfinden im Bewusstseinsfeld der Liebe.
Eins kommt zum anderen, es entsteht ein MitSein, und das führt ins EinsSein. Begegne allem Fremden oder Unbekannten wie einem noch nicht kennengelernten Teil deiner selbst. Wer sich begegnet ist, braucht keinen Gegner mehr. Wer aber Gott begegnet, gewinnt Frieden. Dem Lebendigen können wir nur im Leben begegnen, im Tod finden wir nur Totes.
Letztlich lösen wir uns vom Jetzt, von der zeitlichen Bedingtheit der vergänglichen Dinge, und werden uns unserer Ewigkeit bewusst. Dann gilt es, in der Welt so zu

handeln, dass ich der Ewigkeit gerecht werde. Ich bin eins mit Gott, Liebe ist ewig, sie ist Gottes Bewusstsein.

Als Lichtmenschen werden wir ein neues Lichtkleid haben, einen neuen Körper freien Potenzials, um die Glückseligkeit in der Ewigkeit des Paradieses zu erleben. Wie die Buddhisten haften wir nichts Vergänglichem an, aber statt des Nichts identifizieren wir uns mit Liebe. Beide sind Form der Ewigkeit. Doch das Nichts gibt Formlosigkeit, die Liebe ermöglicht jede Form.

Alles ist über das Quantenfeld, Einheitsbewusstsein, Gottesliebe verbunden, ungetrennt, eins. Die Heilung der Welt und der Frieden in der Welt sind die natürliche Folge des neuen Bewusstseins, so wie die Zerstörung natürliche Folge des Egoismus ist.

Kläre das Dasein, komme ins Sein und schöpfe aus Liebe.

Bewusstseinsstand: angekommen

Im Licht. Ich bin angekommen und angenommen im himmlischen Reich. Eins mit Gott. Ich bin Stille, Liebe, Frieden, Licht, Schöpfer, eins auf ewig, ruhend und unbewegt, aufgehoben und aufgenommen, Quell und Mündung. Ich bin All-Eins.

Übungen

Herzensgebet für Gottes Unterstützung

Das Herzensgebet ist eigentlich die natürlichste und einfachste Anrufung Gottes. Man zeigt sich ihm, wie man ist, man spricht ihn in direkten, einfachen Worten an und sagt ihm, was das Herz bewegt. So einfach, wie es klingt, so schwer fällt es den meisten. Immer wenn ich mich Gott von Herzen her nähern möchte, nutze ich diese Übung. Sie richtet mich neu aus und ist hilfreich in allerlei Notlagen. Wenn du es nicht gewohnt bist und es dir schwerfällt, spontan und frei fließend Worte zu finden, mache dir vorher Notizen. Überlege dir, was du Gott gerne sagen möchtest. Das Herzensgebet ist kein Bittgebet, denn im Herzen herrscht kein Mangel. Dennoch kann es Bitten enthalten. Wenn, dann bitte jedoch nicht für dich. Wenn du ein Anliegen hast, bitte andere, dafür zu beten. Bildet Gebetskreise. Das Herzensgebet ist eher von der Natur, wie wenn der Sohn nach Hause kommt, dem Vater aus seinem Leben berichtet, um dann, ausgestattet mit gutem Rat oder dem Gefühl der Unterstützung, neu durchzustarten.
Wenn du also kurz notiert hast, was du Gott von Herzen sagen möchtest, begib dich in Stille und öffne dein Herz. Du kannst den Herztempel hierfür nutzen. Bedenke: Auch wenn du Gott noch nicht kennst, er kennt dich ganz genau. Du brauchst dich also nicht zu verstellen, zeige dich im Gewahrsein dessen, wer du im Leben bist. Zeige ihm ehrlich und authentisch den Inhalt deines Herzens. Achte auf das, was er dazugibt, um dich zu ergänzen.

Suche den Austausch mit dem Vater regelmäßig, nutze deine Kraft ihm zur Ehre, und er wird dir mit seiner Kraft zu Verfügung stehen.

Meditation zur Stärkung des Friedens

Diese Meditation arbeitet mit Atem, Imagination und einem Mantra. Ein Mantra ist ein Wort, ein Ton oder eine Silbe, manchmal auch ein Vers, der stabilisierend und leitend bei Meditationen eingesetzt wird. Ein Mantra ermöglicht es, das Bewusstsein auf einen Punkt zu fokussieren. Es mindert den normalen Gedankenstrom. Die Übung hilft dabei, manche Schwierigkeiten nicht allzu groß werden zu lassen.

Da das deutsche Wort Frieden von den eher engen Vokalen »i« und »e« geprägt ist, nutzen wir das auf den Atemrhythmus optimal passende, mit offenen Vokalen gesegnete hebräische »Schalom« als Mantra. Probiere es aus, schließe die Augen, achte auf das Einatmen und darauf, wie sich das System weitet, denke dabei einmal »iii« und ein anderes Mal »aaa«, und du verstehst sofort, was ich meine.

Wieder versetzen wir uns meditativ hinunter zur Wurzel. Hier verharren wir am zentralen Punkt. Nun schwingen wir uns auf unseren Atem ein.

Bei jedem Einatmen denken wir »Scha-« und beim Ausatmen »-lom«. Beim Einatmen stellen wir uns zusätzlich vor, wie sich von dem zentralen Punkt ausgehend ein Feld des Friedens aufbaut, mit jedem Atemzug immer größer und weiter werdend, strahlen wir Frieden aus. Dieses Feld dehnen wir so weit aus, wie es uns möglich ist. Beim Ausatmen lassen wir das Friedensfeld groß und ziehen nur zurück, was Konflikt- und Streitenergie darstellt, und verdichten dies auf den winzigsten Punkt in der Wurzel. Dann atmest du wieder ein und dehnst das Friedensfeld aus. Ausatmen und die Konflikte minimieren. Führe die Meditation aus, solange du möchtest.

Zum Abschluss sammle dich an dem Punkt in der Wurzel. Bringe das Friedensfeld mit dem Konfliktpunkt in Berührung, und dieser wird sich auflösen. Dann lasse dein Bewusstsein wieder aufsteigen und starte den Alltag. Notiere dir deine Beobachtungen.

Der Heilige Gral, Rat des Lebens

Hierbei handelt es sich um eine geführte Meditation. Um dir ihre Komplexität besser merken zu können, ist sie in drei Teile gegliedert: der Weg zum Wasser, die Fahrt über das Wasser und die Insel Avalon. Wir arbeiten mit mythischen Bildern. Die Meditation hat eine komplexe Wirkung. Ich fühle mich einerseits verjüngt, erfrischt und voller Tatendrang, aber auch von uralter Weisheit geleitet und geschützt. Sie hat mir auch bei der Verbindung zur und Heiligung der Weiblichkeit geholfen.

Setze oder lege dich bequem hin, schließe die Augen und komme ganz bei dir an. Beobachte den Atem und lass dich tiefer und tiefer sinken. Wenn du so weit bist, öffne dich deiner Imagination und stelle dich in einer wunderschönen Landschaft stehend vor.

Es ist ein schöner Tag, die Sonne wärmt deine Haut, die Vögel zwitschern. Du siehst einen Weg und folgst ihm, bis du zu einer Stelle am Wasser kommst, an der du einen Bootsanlegesteg sehen kannst.

Stelle dich auf diesen Steg. Vielleicht gibt es etwas, womit du die Aufmerksamkeit auf dich ziehen kannst, eine Glocke oder ein Horn. Wenn nicht, gilt es geduldig zu warten. Irgendwann kommt lautlos ein kleines Boot angefahren. Die Lenkerin gebietet dir, Platz zu nehmen. Dann fahrt ihr über den ruhigen See, mitten hinein in eine Nebelbank.

Ist diese durchquert, wird die Insel Avalon sichtbar. Dort hält das Boot, und du steigst aus. Auf der Insel gibt es nur Frauen, und alle sind in Stille. Eine bietet sich dir als Führerin an. Du folgst ihr durch Felder und den heiligen Apfelhain zu einem Tempel, der in der Mitte der Insel steht.

Diesen betretet ihr. Lasse den Innenraum auf dich wirken. Eine junge Frau bietet dir einen der heiligen Äpfel zum Geschenk, den du gern annimmst. Iss den Apfel und genieße seine erfrischende, verjüngende Wirkung.

Nun öffnet eine Dame mittleren Alters einen Schrein und entnimmt ihm den Heiligen Gral. Sie trägt den Kelch zu dir, und du kannst einen Schluck daraus trinken.

Sie führt dich nun hinter den Schrein, wo eine kleine Tür verborgen ist. Öffne sie, und du gelangst in die Bibliothek. Hier erwartet dich eine uralte Dame. Sie blickt dich an, erkennt dein Wesen und sucht ein Buch oder eine Schriftrolle heraus. Hier kannst du ihren Rat für dein Leben nachlesen.

Sei dankbar, verlasse den Raum, lasse dich durch den Tempel und den Hain wieder zur Anlegestelle bringen.

Verabschiede dich, fahrt dann zurück, durch die Nebel, und du kommst am Steg wieder an. Von hier findest du den Weg zu dem Punkt, von welchem du die Reise angetreten hast. Von hier kannst du aufsteigen und wieder in dein Alltagsbewusstsein zurückkehren. Mache dir wieder Notizen.

~~~~~~~~~~~~~~~ *Quanten-Essenz* ~~~~~~~~~~~~~~~

Sei still, wisse, IchBin. Oder: In der Stille offenbart sich das Wissen über das Sein.

~~~~~~

Autorenvita

André Buchheim wird 1973 in Leipzig geboren und lebt heute in Dresden. Massive Gewalterfahrungen prägen seine Kindheit und konfrontieren ihn schon früh mit körperlichem und seelischem Leid. Als er mit 15 Jahren seine erste Gotteserfahrung macht, verändert sich seine Sicht auf das Leben grundlegend. Er beschäftigt sich intensiv mit allen spirituellen und religiösen Systemen und gründet 2008 das »Zentrum Lebensquell« in Dresden, in dem er als spiritueller Berater arbeitet und Seminare abhält. 2016 ruft er die private Initiative »Slumprojekt und Schenkkreis für Afrika« ins Leben, die Wünsche und Visionen der Slumbewohner in Nairobi verwirklicht. Ziel ist, mit jedem Anteil zur Heilung der Welt beizutragen.
www.welterwachen.de

Danksagung

Ich möchte mich erstens bei allen Freunden bedanken, die mich tatkräftig bei der Entstehung des Werkes unterstützten: Petra, Kathrin, Jörg, Sven, Steffi, Oliver, Dagmar, Conny, Nancy, die ich hier nur als Beispiele nenne. Zweitens bedanke ich mich bei der Lektorin des Buches, Magdalena Kieser, sowie bei allen Mitarbeitern des Nymphenburger-Verlagshauses, die den Mut hatten, sich für mich als Autoren und das Thema zu entscheiden, besonders bei Stefan Raps und Moni Riedlinger. Drittens möchte ich einen herzlichen Dank an all jene Leser richten, die sich durch meine Geschichte inspirieren lassen, der Liebe zu folgen und die Neue Zeit zu gestalten.

Register

In die Einheit mit sich selbst finden

Viele Menschen wünschen sich Heilung auf körperlicher und zugleich seelischer Ebene. Dr. Ingo Rudolf hat im Laufe seiner langjährigen Erfahrung als praktizierender Arzt eine Methode entwickelt, die zur Tiefenheilung führt. Er zeigt den Weg, die Dualität der Gefühle zu überwinden, um in die Einheit mit sich selbst zu gelangen. Übungen und Meditationen helfen, unsere krankmachenden Schattenanteile wie Ängste, Stress oder Wut zu versöhnen. Die Herzintelligenz, gespeist aus dem Urgefühl bedingungsloser Liebe, kreiert eine positive Vision unserer selbst und führt in ein völlig neues Leben.

Dr. Ingo Rudolf
HEILEN MIT DER KRAFT DES GEISTES
160 Seiten · ISBN 978-3-485-02986-5
Auch als Hörbuch erhältlich

nymphenburger

nymphenburger-verlag.de

Loslassen und Neuem Raum geben

In der Praxis des Yoga ist die Bewusstheit auf den Atem von zentraler Bedeutung. Er bestimmt die Qualität jeder Übung und auch die Qualität unseres Lebens. Die Yoga-Lehrerin und Atemtherapeutin stellt Übungen vor, die helfen, den Atem bewusst wahrzunehmen und Klarheit und Stille zu erleben. Durch die Anleitungen auf der CD gelingt es auch Anfängern, Sorgen und Ängste loszulassen, die eigene Lebendigkeit zu spüren und den Atem zu schwachen Stellen im Körper zu lenken, damit Heilung geschehen kann.

Lucia Nirmala Schmidt
ATMEN JETZT!
128 Seiten, mit CD · ISBN 978-3-485-01435-9

nymphenburger

nymphenburger-verlag.de